入試につながる本当の基礎力

入門英文法の

核心

KAKUSHIN

大学入試

心

スタディサ
関正生

はじめに

　本書は「大学受験をしよう！」と決意した高校生に**最初に取り組んでほしい英文法の本**です。この１冊で入試の文法問題（４択形式で、語彙問題を除いた純粋な文法問題）でしっかり爪痕を残せるレベル（日東駒専で７割、MARCHレベルで５割の正答率）を目指します。

　いわゆる「大学入試の入門書」に分類される本ですが、従来の入門書とは決定的に違う点が２つあります。

① 読者を子ども扱いしない

　入門書のトーンはフレンドリー・ハイテンション・たくさんのイラストというのが業界でよくあるパターンですが、読者はすでに高校生です。たしかに今は英語が苦手かもしれませんが、それは「部活をやっていたからかもしれない」「遊んでしまったのかもしれない」「やり方を間違えただけかもしれない」のであって、**別に理解力が弱いわけでも日本語が苦手なわけでもありません**よね。友達どうしの会話はテンポ良く進み、ドラマ・マンガの複雑なストーリーに感動しているはずです。

　それなのに、教える側がいつまでも過剰にやさしくするのは、高校生の勉強をかえってジャマしたりモチベーションを下げたりするだけでしょう。本書は読者を１人の大人として扱い、無意味なフレンドリーさによる「中身の伴わないわかりやすさ」を演出するのではなく、「英語の解説」自体のわかりやすさで勝負します。

② 入試問題が解ける

　入門書はどれもゼロから説明してくれますが、その分だけ到達点も低くなりがちです。でもせっかく１冊終えるからには「ある程度は入試問題が解ける」ようになっていたいですよね。本書はすべての章で入試問題を採用しています。選択肢を変えたり、英文を修正したりといったことは一切しておりません（要点確認として２択問題はありますが、採用した入試問題はすべて出題そのままの形です）。いくら入門書でも、甘やかされた問題ばかりに触れていると、実際の入試問題を見たときに挫折感を味わうものです。**この１冊で受験生としてある程度は戦えるレベルまで進化する**ことができます。

　さあ、それでは始めましょう！

関 正生

本書の対象読者

　高校生であれば学年は問わず、**高校英文法を始める高１生、受験を意識し始めた高２生、真剣に英文法に取り組みたい高３生**まで使えますが、学年よりも以下のようなイヤな思いを１つでも抱えている高校生に読んでほしいと思っています。

☑ **「決まりだから覚えよう」という丸暗記英語がイヤ**

　　⟶ しっかり理論・背景を解説するので、納得して進めていけます。

☑ **学校指定の文法問題集に苦労している**

　　⟶ 定期テスト直前の丸暗記がなくなります。

☑ **受験にしか使えない文法はやりたくない**

　　⟶ 資格試験（TOEIC® テスト・英検）・英会話・CNN ニュースなどを題材とした文法の解説本も執筆した経験から、将来を見越して解説しています。

本書の特長

▶ 丸暗記排除で「核心を突く」解説

入門書といっても「今までの暗記英語」をかみ砕いて説明するだけなら、それは結局「やさしく丸暗記させる」だけです。

本書は僕が磨き上げた関流の英文法理論を入れながら、従来は暗記を強要されたことも「理解することで丸暗記がなくなる」という経験ができます。当然、英語の核心に触れることで、暗記では見えない英語の姿が見えて、入試問題がスラスラ解けるようになります。

▶ 読者を大人として扱い、本質に迫る

本書は「表面上のやさしさ・わかりやすさ」を競うのではなく、「本当の英語」を理解することを目指しています。

いまだに入門書では、My hobby is to collect stamps. のような不自然な英文を使っているものが散見されますが、「最初の1冊」だからこそ、入試に通用する英文法を解説していきます（My hobby is -ing が自然で、これは198ページで解説します）。

また、いくら入門書でもあくまで「高校学参」なので、中学英語に紙面を割くこともしません。たとえば「一般動詞の否定文・疑問文の作り方」など、中学基本レベルのことは取り上げず、あくまで「大学入試で点を取るための最短経路」を示します。

▶「入試問題」が解ける

本書は、他の文法書や学校教材でよく出ていることは一切意識せず、「入試問題」と「将来使う現実の英語」を意識しました。入試での頻度が低いものはカットしています。

その分、入試に出るところをしっかり解説して、実際に出る問題で確実に点を取れる力を養成していきます。

▶ オリジナルの本に育てていける

余白ではなく、「行間」に余裕を持たせました。読んでいるときに、" ！" と記号を入れたり、一言感想やツッコミを入れたりしながら読むことで理解度が上がります。また、「入門書はカラフルなほうがいい」という業界の常識があるのですが、本書は紙面の色も抑え目にしました。みなさんが好きな色で書き込んで、オリジナルの本に仕上げていってください。

Contents

Part 1 ≫ 品　詞

テーマ 01 冠　詞

名前はかわいいのに…… ……………………………………………… 10

テーマ 02 名　詞

丸暗記するか、センスを磨くか ………………………………………… 17

テーマ 03 代名詞

代名詞は名詞の代わり ………………………………………………… 25

テーマ 04 形容詞

使い方と意味を意識する ……………………………………………… 35

ブックデザイン：都井　美穂子
本文イラスト：大原　沙弥香

冠 詞

イントロダクション

名前はかわいいのに……

a や the のことを「冠詞」と言います。「名詞の前に冠のようにつけてあげる詞」という、かわいらしいネーミングがついているうえに、a や the という「威圧感ゼロ」の単語なのでついダマされそうになりますが、実際にはかなりやっかいで、高校生に限らず大学生・社会人までもを苦しめる、まったくもって悪魔のような存在です。しかし悪魔にも弱点はつきもので、the は「共通認識」という一撃で倒せてしまうのがかわいいところ。

中学英語との違い

the や a に関しては、最初に習ったときから勘違いさせられるので、もはや中学・高校の区別はありません。みなさんの多くは、おそらく「最初に出てきた名詞には a をつけて、2回目からは the をつける」と習ったと思います。

しかしこの説明は、Open the door. のような文でいきなり崩れてしまいます（最初から the が使われています）。こんな簡単な英文ですら「最初は a、2回目に the」というルールは崩れてしまうのです。

そこで、the も a も根本から解説していきます。それがわかると、高校範囲（Do you have the time?「今、何時ですか?」という決まり文句など）もスムーズに理解できるようになります。

本編解説

核心 ▶ the は「共通認識」、a は「たくさんあるものの1つ」

定冠詞（the）

≫ the の基本的な考え方

　文法書には「the の用法」がたくさん羅列されていますが、**the の核心は「共通認識」**です。つまり「あなたと私（そこに居合わせた人みんな）で『共通に認識できる』ものに the を使う」という考え方です。言い換えれば、みんなで「せ〜の……」で一斉に指をさせるなら the を使うというわけです。この発想だけで今まで習ったであろう the の用法を確認していきます。

> **The sun rises in the east.**
> 太陽は東から昇る。

　sun や east には必ず the がつくので、「天体の the」や「方角の the」と呼ばれるのですが、こんなことを覚える必要はなく、「太陽を指してみましょう」と言われれば、みんな一斉に同じもの（太陽）を指させるから the を使うだけです。当然、the moon・the earth なども同じ発想です。

　the east も同様で、「東を指して」と言われたら、みんなで一緒に指さすことができますね。

※「東はどっち？」という人はいるでしょうが、「どの東？」と聞く人はいません。つまり方角は共通認識できるのです。

　同じ発想で、「最上級に the がつく」というルール（the tallest など）も、「（クラスで）一番背が高い人は？」と言われれば、みんなで共通認

識できるので the がつくわけです。

※「序数（the first, the second ... the last）」に the がつくのも同じ発想で、「5 番目の」といえば共通認識できますよね。

　中学で習う、そしていきなり the が出てくる例として、Open the door, please. 「ドアを開けてください」がありますが、これは状況から部屋にドアが 1 つだけ、もしくはどのドアをさすか（言った人と言われた人が）共通認識できるので the が使われるのです。

補足 「最初に a、2回目に the」という説明の正体

I saw an orange car. The car was cool.
オレンジ色の車を見かけたんだ。その車はカッコよかったよ。

　最初はどの車か特定できないので、an がついていますが、その後は「そのオレンジ色の車」と特定できるので、The car になっています。

※この現象だけを切り取って、「最初は a で、2 回目に the」という教え方が定着したわけです。

≫ the を使った会話表現

Do you have the time?
今、何時かわかりますか（伺ってもよろしいですか）？

　高校英語になると、これを会話の決まり文句として教わります。the がつかない、Do you have time? 「今、時間ありますか？」と区別しなければいけません。しかし「the に注意」と言われるだけの丸暗記は大変ですよね。

　この Do you have the time? の the も「共通認識」から解明できます。the time は「今ここにいる自分と相手が共通認識できる時間」→「共有している時間」→「現時刻」となるのです。

　よって、Do you have the time? は「現時刻（the time）を何らかの手

段で持って（have）いますか（持っていたら教えてください）」→「今何時かわかりますか？」となるのです。

※いきなり「何時？」と聞く What time is it? より、「何時かわかる？」と聞く Do you have the time? のほうが丁寧でよく使われます（入試にも出ます）。

不定冠詞（a／an）

▷「正体不明」なものには "a" をつける

「共通認識できるときには the を使う」わけですが、共通認識できないとき、つまり **「たくさんある中の 1 つ」というときには a を使います。**

※ the は「定冠詞（定まったものに使う）」で、a は「不定冠詞（定まらないものに使う）」です。

> **Give me a pencil.**
> 鉛筆貸して。　　※「（どれでもいいから）1 本の鉛筆」ということ

▷ "a" の色々な意味

a という単語には「1 つの」以外にもいくつかの意味があります。世間ではどれも「熟語・決まり文句」として扱われますが、すべて「たくさんある中の 1 つ」から理解できます。

> ①「〜につき」※「1 つの」→「1 つずつにつき」
> **once a week**「1 週間につき 1 回」
> ②「ある〇〇」※「たくさんある中の 1 つ」
> **in a sense**「ある意味において」
> ③「ある程度」※「1 つに認識できるカタマリ」
> **Just a moment.**「ちょっと待って」

> **I go abroad once a month.**
> 私は月に 1 回、海外に行きます。

空所に適するものを選びましょう。

(1) 地球は丸い。

(　　) earth is round.

① An　　　② The

(2) 冷蔵庫に入っている牛乳を飲んでもいいですか？

Can I drink the milk in (　　) refrigerator?

① a　　　② the

(3) その診療所は週に5日開いている。

The clinic is open five days (　　) week.

① a　　　② the

解 答

(1) ②

解説：「地球」は共通認識できますね。間違っても「どの地球？」なんてことはありません。よって The を使います。

(2) ②

解説：「どの冷蔵庫か」はハッキリしているであろう会話なので、「あなたと私で共通に認識できる冷蔵庫」と考えて the を使います。

(3) ①

解説：five days a week「1週間につき5日」となります。「〜につき」という意味の a です。

実際の 入試問題 演習

(1) それぞれの空所に適するものの組合わせを選びなさい。

( ) sun is at ( ) center of our solar system, and the earth is ( ) planet that orbits it.

① A—the—a　　　② A—the—the

③ The—the—a　　④ The—the—the

（岐阜大学）

(2) 空所に適するものを選びなさい。

A：Do you have the time?

B：( )

A：Thanks. The next class starts at 4 o'clock. We still have time. Could you help me do my homework?

B：Sure.

① I'm free this afternoon.　　② It's half past two.

③ Yes, I have the time.　　　③ It's 4 o'clock sharp.

（芝浦工業大学）

(3) 次の文のうち ( ) に the が入るほうを選びなさい。

① Taking too much ( ) sugar is not good for your health.

② Could you pass me ( ) sugar?

（東北学院大学）

(4) 空所に適するものを選びなさい。

X：How often do you go abroad on business?

Y：Twice ( ) month.

① during　　② the　　③ in　　④ a

（駒澤大学）

(1) ③

解説：sun「太陽」は共通認識できるので The を使います。「太陽系の中心」は ここでは1つに特定できるので the center です。planet「惑星」は、あくまで も「太陽の周りをまわる、たくさんある惑星の1つ」なので a を使います（地 球は数ある惑星の中の1つに過ぎませんね）。

和訳：太陽は我々がいる太陽系の中心にあり、地球はその周りをまわる惑星だ。

(2) ②

解説：Do you have the time?「何時？」の意味がポイントです。

和訳：A：今何時かわかる？　　　　　B：2時半だよ。
　　　　A：ありがとう。次の授業は4時からだ。まだ時間があるね。宿題を手伝 ってくれない？　　　　B：もちろん。
① 今日の午後は暇だよ。　　　② 2時半だよ。
③ うん、わかるよ。　　　　　④ ちょうど4時だよ。

(3) ②

解説：① は直前に much があり、much sugar「たくさんの砂糖」の間に the が割り込むことは文法上ありえません。② は食卓で「どの砂糖（の入れ物）を 指すか共通に認識できる」ので the が入ります。

和訳：
① 砂糖のとりすぎは健康に良くない。　② その砂糖をとっていただけますか？

(4) ④

解説：X の How often「どのくらい」という頻度を聞く表現に注目します。その 答えとして適切なのは、Twice a month「ひと月につき2回」ですね。a が「〜 につき」という意味で使われています。

和訳：X：仕事でどれくらい海外に行くの？　Y：月に2回だよ。

イントロダクション

丸暗記するか、センスを磨くか

「名詞」とは「物の名前を表す詞」です。当たり前すぎるネーミングですが、英語の世界では超重要品詞の1つです。英語の中でもネイティブの「感性」がよく表れる分野で、それを理解しないとただの丸暗記の連続に陥ってしまうので、ここでは「考え方」から解説していきます。

中学英語との違い

中学のときは、複数形の作り方（-s・-es をつける・y を i にする・child → children のように変化するなど）に時間を割きますが、大学入試ではほとんど問われません。それよりも入試に出る（得点に直結する）複数形を使った「熟語」をチェックしていきます。

また、入試超頻出の不可算名詞（数えられない名詞）は、中学では「water は数えません」といった、出てくるたびに1つずつ暗記する方式だったと思いますが、ここでは「不可算名詞の3つの特徴」に注目して、グループごとに整理し、特に入試に出るものをチェックしていきます。

可算名詞は「複数形の熟語」に注意、不可算名詞は「目に見えない・切っても OK・ひとまとめ」

可算名詞

▷ 複数形がポイントになる熟語

　可算名詞とは「数えられる名詞」のことで、単数には a・an がつきます。これは テーマ 1「冠詞」の範囲なので、ここでは複数形について解説します。入試で問われるのは「複数形がポイントになる熟語」です。

「複数形」に注意する熟語　※どれも「複数でないと成立しない行為」

> make friends with ～「～と友達になる」／shake hands with ～「～と握手する」／change trains「電車を乗り換える」／be on 形容詞 terms with ～「～とは 形容詞 の関係だ」※ 形容詞 には good など

　make friends with ～「～と友達になる」という熟語では必ず複数形 (friends) が使われます。「友達になるには複数の人間（相手と自分)」が必要だという感覚です。

※日本人の感覚では目の前に新しい友達が1人いるだけですが、英語ではもっと視野が広く、まるで「神様の視点（上から見るイメージ)」で、この世界に2人友達が生まれたという感覚です。

She wants to make friends with you.
彼女は君と友達になりたいと思っているんだよ。

不可算名詞

英語の世界には**数えない名詞**という発想があります。この数えない名詞を不可算名詞と言います。不可算名詞のパターンは3つあり、「目に見えない」「切っても OK」「ひとまとめ」です。

≫ パターン（1）「目に見えない」から数えない
不可算名詞の特徴（1）　「目に見えない」系の名詞

> 情報系：information「情報」／news「ニュース」／advice「アドバイス」
> 仕事系：work「仕事」／homework「宿題」／housework「家事」
> 利害系：fun「楽しみ」／progress「進歩」／damage「損害」

advice や news は**目に見えない**ので不可算名詞という発想です。work や homework が「目に見えない」というのは日本人にない発想ですが、英語では、見えるのはあくまでも「働く人間」や「宿題のテキスト」といった具体的なモノであって、「仕事そのものは目に見えない」という発想なんです。

≫ パターン（2）「切っても OK」だから数えない
不可算名詞の特徴（2）　「切っても OK」系の名詞

water「水」／sugar「砂糖」／bread「パン」／paper「紙」／chalk「チョーク」

ここにあるものはどれも「目に見える」ものですが、ここでは見える・見えないという観点ではなく、**切っても OK** という発想から考えてください。「切っても、それ自体の性質が失われないもの（切ってどんな形になろうが OK）」なので、**具体的な形がイメージできない**ために不可算名詞扱いです。たとえば sugar は角砂糖でも何でも砂糖としての性質は同じですよね。こういったものは不可算名詞として使われます。

※逆に、smartphone「スマホ」を半分に切れば、本来の性質が失われます（だから可算名詞）。

この（2）のパターンの単語はあまり入試では問われません（sugar は テーマ 1 の 15 ページで出ましたが）。ただし、この「切っても OK」という発想を逆にした考えが役立ちます。逆とは**「切っても OK じゃない」**→**「不可算名詞じゃない」**→**「可算名詞」**というものです。これを入試頻出の work を使って説明しましょう。

---

work ①「仕事」 ※不可算名詞（←目に見えないから）
② 「作品」 ※可算名詞（←切ったら OK じゃない！）

---

work は「作品」の意味なら可算名詞です。「作品」は「切ったら OK じゃない→不可算名詞じゃない→可算名詞」です。

≫ パターン（3）「ひとまとめ」だから数えない
不可算名詞の特徴（3）　「ひとまとめ」系の名詞

baggage・luggage「荷物ひとまとめ」／furniture「家具ひとまとめ」／
money「お金全般」

従来は単に「baggage（荷物）や furniture（家具）は数えない」と言われるだけでしたが、納得できませんよね。実は baggage の本当の意味は「荷物」ではなく、**「荷物ひとまとめ」**なんです。baggage＝bags と考えてください（実際、英英辞典にはそう載っていることが多い）。つまり**baggage は「元から複数形」を含んだ単語**なんです。ですから baggage にさらに複数の s をつけたり、まして冠詞 a をつけるわけがなく、不可算名詞として扱われます。

furniture も同じ考え方で、**「家具ひとまとめ」**という意味です。furniture = chairs + tables + beds …… ということなのです。「新生活を始めるときの家具一式」というイメージでもいいでしょう。

(1) 空所に適するものを選びましょう。

彼は彼女と友達になった。

He made (　　) with her.

① a friend　　② friends

(2) 空所に適するものを選びましょう。

彼はコーチからいくつかのアドバイスをもらった。

He got (　　) from his coach.

① advices　　② some advice

(3) 下線部の意味は？

The museum has many <u>works</u> by Vincent van Gogh.

(1) ②

解説：make friends with ～「～と友達になる」という熟語です。He と her という「2人」が友達になったので、複数形を使います。

(2) ②

解説：advice は「目に見えない」ので数えない名詞です。some は「可算名詞」にも「不可算名詞」にもどちらにも使えます。

(3) **作品**

解説：work に s がついて「可算名詞」扱いなので、「作品」という意味です。

和訳：その美術館にはフィンセント・ファン・ゴッホの作品がたくさんある。

(1) 空所に適するものを選びなさい。

You'll have to change (　　) at Hiroshima to get there.

① train　　　② a train　　　③ trains　　　④ the train

（広島経済大学）

(2) 次の文において、間違っている箇所を1つ選び、その間違いを正しく直しなさい。

A pamphlet ①with ②many informations, describing ③the courses, is available ④from the Admissions Office.

（立命館大学）

(3) 次の文において、間違っている箇所を1つ選びなさい。誤りがない場合には⑤を選びなさい。

Chiharu ①is busy ②with ③all the houseworks ④since her marriage last year. ⑤NO ERROR

（早稲田大学）

(4) 空所に適するものを選びなさい。

X：Are you settled into your new apartment?

Y：Pretty much, but I still need to buy (　　).

① a furniture　　　② some furniture

③ some furnitures　　　③ furnitures

（北海学園大学）

(1) ③

解説：change trains「電車を乗り換える」です。今乗ってきた電車とこれから乗る電車の複数があるので trains になるわけです。

和訳：そこに着くためには、広島で電車を乗り換えないといけないだろうね。

(2) ② many informations → much[a lot of] information または many pieces of information

解説：information は不可算名詞なので、絶対に複数形になりません。また、不可算名詞には many を使うことはできません。

和訳：コースのことが記載されていて、多くの情報が含まれているパンフレットは入学事務局で入手できます。

(3) ③ all the houseworks → all the housework

解説：housework は不可算名詞です。「家事」自体は目に見えませんね（家事をする人間と食器や掃除機が見えるだけ）。複数の s がつくことは絶対にありません。

和訳：チハルは昨年結婚して以来、あらゆる家事で忙しい。

(4) ②

解説：furniture は不可算名詞なので、a や複数の s がつくことはありません。some は不可算名詞にも使えますね。

和訳：X：新しいアパートには慣れた？

　　　Y：かなりね。でも、まだいくつか家具を買わないといけないんだ。

テーマ 3 | 代名詞

イントロダクション

代名詞は名詞の代わり

「スマホ」という名詞そのものを発言するのではなく、「それ」と言うことがあります。このような「名詞の代わりになる詞」を代名詞といいます。英語ではitやthatなどが代名詞です。代名詞は「名詞の代わり」なんていう存在感を否定されるネーミングで、英文法の本でも地味でマイナーな扱いをされますが、実はとても大事で入試にもよく出ます。

中学英語との違い

最初は "I-my-me-mine" の暗唱ばかりだったかと思いますが、高校範囲では「the other と another の違い」「it と one の違い」「both と all の違い」など、単語自体はどこかで見たことがあるものの、厳密な区別になると何が何だかわからない、という内容が問われます。

こういったことは日本語訳だけで考えると混乱してしまいます。実は「英語の視点」からポイントを絞って眺めればあっさり理解できるようになりますよ。

核心 代名詞は「日本語訳」で考えない。英語の「視点」から考える。

the other vs. another

▷「もう1個」には2通りの言い方がある

「もう1個（1人）」と言いたいとき、the other と another の使い分けが必要になります。たとえば2人の妹がいるとして、1人目を指すときは one、残り1人を指すときには the other を使います。

この場合「もう1人」は誰のことかわかるので（残りの1人の妹）、**「特定（共通認識）できる」** ために the がつくわけです。この「the がつく」というのが英語の視点として大切です。

「2つだけ」の場合

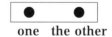

one　the other

I have two sisters. One is in Hiroshima and the other is in Okinawa.
私には妹が2人います。1人は広島に、もう1人は沖縄にいます。

▷ the other と another は結局「the と a の違い」

3つ以上あるときは、1つめは one、2つめはどれを指すか「特定」できない（まだ残りがいくつかあるときに「もう1個」と言っても、どれを指すか「共通認識」できない）ので the は使えません。the の代わりに a(an) を使った another になります。**another の正体は "an + other"** なんです。ここでは「another には an が含まれる」という、an の視点から考えれば理解できます。

「３つ以上」の場合

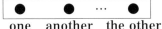

one　another　the other

結局、<u>the other</u> と <u>another</u> の違いは「the と a の違い」、つまり「共通認識できるか否か」なんです。

※「ラスト１つ」は the other と考えていいでしょう。

the others vs. others など

▷「残り」の表し方

「残り」という言い方には、the others と others があります。これも「the がつくかどうか？」→「共通認識できるかどうか？」という視点ですべて解決できます。

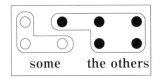

some　the others

いとこが８人いるとして、そのうち３人を取り上げたとき、「残りが何人なのか？」という質問にはみんなで声をそろえて「５人」と言えますね。「特定・共通認識できる」ので、<u>the others</u> になるわけです。

> **Some of my cousins live in Hokkaido, but the others live in Saitama.**
> 私のいとこは、北海道に住んでいる人もいるが、他は全員、埼玉に住んでいる。

ちなみに、このように Some で始まる文は「何人かの人」ではなく、「〜な人もいる」と訳すと自然になります。

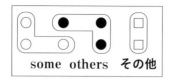

some　others　その他

　今度は「英会話学校にネイティブ教員が 8 人いる」と聞いたとして、「3 人がアメリカ出身、ではイギリス出身は何人?」という質問には数字を特定できませんね。そこで the はつけず、単に others となります（当然、複数の人がいるので s はつきます）。

> **Some teachers are from America and others are from Britain.**
> 米国出身の先生もいれば、英国出身の先生もいる。
>
> ※これにより、米国・英国以外の先生もいるとわかります。

it vs. one vs. that　「それ」の表し方

▷ it・one・that の判別

　「前に出てきたもの」を指す単語に it・one・that があります。it とone の違いが一番入試に出るので、そればかりが取り上げられますが、実際には以下のようにまとめることができます。

it vs. one vs. that

判別のポイント	it	one	that・those
①特定 or 不特定	特定	不特定	特定
②前置修飾 or 後置修飾	両方 NG	両方 OK	後置のみ OK
③可算名詞 or 不可算名詞	両方 OK	可算のみ OK	両方 OK

　この表は今後、色々な場面で活用してほしいのですが、この中から特に入試で狙われるポイントを 2 つ解説します。

① it と one の区別が狙われる

　it は「特定」の名詞を受け、「ズバリそれっ！」という感じです。今みなさんが読んでいるこの本は、書店には何冊もありますが、「みなさんが持っている本」という意味では世界に 1 冊ですよね。この「前に出てきた名詞そのものを指すズバリ感」に it を使います。

　one は「不特定」のものを指します。みなさんがこの本を読んでいるときに、友達が「私も<u>それ</u>、買おうかな」と言えば、それは「不特定（たくさんある同種類の中の 1 つ）」なので one を使うわけです。**「同じ種類のそれ」**というイメージです。

　日本語訳ではなく「特定・不特定」という視点で考えれば OK です。

> I left my book at home so I can't lend it to you today.
> 家に本を忘れちゃったから、今日君に貸すことはできないんだ。

> A：I bought a new printer.
> B：I didn't know we needed one.
> A：新しいプリンターを買ったんです。
> B：プリンターが必要だなんて知らなかったよ。

② **前置修飾（前からの修飾）or 後置修飾（後ろからの修飾）のどちらが可能なのか？**

　it は、前置・後置どちらの修飾も NG です。

　one は前置修飾がよく使われますが（this one など）、後置修飾もアリなんです。たとえば、部屋に複数の本があるとき、特定の本を指すなら、the one in the box「箱に入っているもの」となります。

　that は、前には修飾語はつきませんが（that は語源が the と同じなので、the の前に形容詞がこないのと同じ理屈）、後置修飾はアリです。**that of ～「～のそれ（と同じもの）」**という表現がよく使われます（of ～ が that を修飾している）。

The population of China is larger than that of India.

中国の人口はインドの人口よりも多い。

※ that of India=the population of India

---

2 vs. 3 以上

▷「2つにしか使えない」「3つ以上にしか使えない」単語

英語の世界では「1 vs. 2以上」の考えがあることは有名です。これは結局、「単数・複数の区別」のことです。でも実は「2 vs. 3以上」という視点もあります。なぜかこちらはあまり知られていません。

まず、both・either・neither は「2つ」の場合にしか使われません。その一方で、all・any・none は「3以上」の場合に使うのです。つまり、2つだけのものに all を使ってはいけないのです。この「3つ以上」を見落としやすいので、しっかりチェックしておきましょう。

2 vs. 3 以上

	2	3以上
「すべて」という表現	both「両方」	all「全部」
選択表現	either 「どちらか・どちらでも」	any 「どれか・どれでも」
否定表現	neither 「どちらも〜ない」	none 「どれも〜ない」

A：Do you want a pen or a pencil?

B：Either will do.

A：ペンと鉛筆、どっちがほしいの？

B：どっちでも大丈夫だよ。

※ここでの Either は「ペン、鉛筆、どちらでも」という意味です／do「役立つ・間に合う」

There are three French restaurants in town, but none of them is open for lunch.

町には３つのフランス料理のレストランがあるが、どれもランチでは営業していない。

※「３つのお店のうち、１つも〜でない」に none が使われています。

| CHECK | 入 試 問 題 に 向 け て |

空所に適するものを選びましょう。

(1) 彼はコンピューターを２台持っています。１つはデスクトップで、もう１つはノートパソコンです。

He has two computers. One is a desktop and (　　) is a laptop.

① another　　② the other

(2) 私のクラスメイトには、サッカーが好きな人もいれば、ラグビーを楽しむ人もいます。

Some of my classmates like soccer and (　　) enjoy rugby.

① others　　② the others

(3) 開いているお店は１つもなかった。

(　　) of the shops were open.

① No　　② None

解 答

(1) ②

解説：2つのうち、1つめに One を使って、もう1つは「残り1つ」で特定できるので、the がつきます。

(2) ①

解説：Some に対して、others を使います。クラスメイトの中には「他のスポーツが好きな人」「そもそもスポーツが好きではない人」もいるでしょうから、the others「残り全員」とはしません。

(3) ②

解説：None of 〜「〜のうち1つも…でない」という形です。no は形容詞などが主な役割で、"no 名詞 "の形でよく使われます。×）no of 〜 という形は英語には存在しないのです。

空所に適するものを選びなさい。

(1)

This soup is delicious.　I'd like (　　) bowl, please.

① another　　　② one another　　　③ some other　　　④ the other

（慶応大学）

(2)

If you need a Japanese-English dictionary, I'll lend you (　　).

① it　　　② such　　　③ same　　　④ one

（中部大学）

(3)

The population of Beijing is larger than (　　) of Hong Kong.

① one　　　② which　　　③ those　　　④ that

（山梨大学）

(4)

I tried all the keys, but (　　) of them would open the door.

① either　　　② neither　　　③ none　　　④ almost

（東京経済大学）

(1) ①

解説：問題文が「もう１杯ほしい」という意味になるように、① another を選びます。another は "an + other" なので、「(特定できない) もう１個」を表します (ここでは「bowl をもう１つ」であって、soup を受けるわけではありません)。それに対して、④ the other は、残り１つがどれなのか「特定」できるときに使います (the は「共通認識」を表すんでしたね)。今回は、特定できる最後の１杯というわけではなく、何度もおかわりできるうちの「もう１杯」ですから、another で OK ですね。

和訳：このスープはとてもおいしい。もう１杯、頂けますか。

(2) ④

解説：「どれでもいいので１冊の辞書」ということで、one を選びます。もし it だと「ズバリその辞書」という意味になってしまいます。

和訳：もし和英辞典が必要なら、貸しますよ。

(3) ④

解説：that of Hong Kong は、the population of Hong Kong の意味になります。

和訳：北京の人口は香港より多い。

(4) ③

解説：all the keys とあることから、カギは「３つ以上」だとわかります。それを受けて「どれも開けられない」という否定の意味の none を選びます。

和訳：私はすべての鍵を試したが、どれを使ってもドアは開かなかった。

形容詞

使い方と意味を意識する

形容詞は単語によって「用法（使い方）」が問われるものと、「意味（細かい意味の違い）」が問われるものに分かれます。捉えどころがないように思える形容詞ですが、大学入試で狙われる単語は決まっているので、実は対策が立てやすい単元なのです。

中学英語との違い

中学英語では品詞を意識することも少なく、ただ単語の意味を覚えることが多かったと思います。それだけに、文法書であらためて「形容詞」と出てきても何を勉強していいかすらピンとこないことも多いでしょう。

上に書いた通り、膨大な数がある形容詞の中で、「使い方」が問われるものと「意味の違い」が問われるものを狙い撃ちしていきます。特に意味の違いとして、forgettable「印象に残らない」と forgetful「忘れっぽい」や、respectable「尊敬すべき・立派な」と respectful「敬意を示す」の違いなどは記憶力の問題だと思われがちですが、実は文法が大活躍するのです。

核心 「用法」がポイントなのか、「意味」がポイントなのかを分けて理解していく

形容詞の2用法

▶「限定用法」とは?

名詞の前に形容詞を並べていくと、限定されていきます。たとえば boy の前に smart「賢い」や kind「優しい」を置くだけで、(すべての boy ではなく)smart だったり kind だったりする一部の boy に限定されますよね。このように名詞の前に置く用法を「限定用法」と呼びます。

▶「叙述用法」とは?

叙述とは「説明して述べること」という意味です。The boy is kind.「その少年は優しい」は、あくまで The boy の性質を説明しているだけで、これに他の説明を足しても「その少年」が限定されることはありませんよね。このように補語になる(主に be 動詞の後にくる)用法を「叙述用法」と呼びます。

両方の使い方があるのが原則ですが、一部の形容詞は「片方の用法のみ」とか「用法によって意味が違う」といったものもあります。

(1)「限定用法のみ」の形容詞の例 ※名詞の前に置く用法のみ

> only「唯一の」/ elder「年上の」/ live「生きている」 ※発音は「ライヴ」

(2)「叙述用法のみ」の形容詞の例 ※名詞の前に置くのは NG

> alike「似ている」/ alive「生きている」/ asleep「寝ている」/ awake「目が覚めている」/ afraid「怖がって」/ aware「気づいて」

(3) 限定用法と叙述用法で「意味が異なる」形容詞

	限定用法	叙述用法
certain	ある	確かな
present	現在の	出席している

用法に注意が必要な形容詞

▷ convenient は人を主語にしない

形容詞の中には**人を主語にできない**ものがあります。たとえば「あなたに都合がいい」は、◎) It is convenient for you. となります。決して、×) You are convenient. ではありません。

人を主語にしない形容詞

convenient「都合がいい」／inconvenient「都合が悪い」
unnecessary「不要な」

▷ ハイフンを使った形容詞化

複数の単語をハイフン（-）でつなげて形容詞をつくる（名詞を修飾する）ことができます。たとえば、three-year-old son「3歳の息子」は、three と year と old がハイフンで結ばれて、形容詞 three-year-old が、名詞 son を修飾しています。

試験で狙われる点はこの three-year-old が「複数形にならない」ということです。×) three-years-old ではなく、three-year-old です。その理由は、**ハイフンで結ばれて形容詞化しているので複数形にはならない**からです（そもそも形容詞に「単数・複数」なんてありえないので）。

ハイフンで形容詞化した例

> his five-year-old daughter「彼の5歳の娘」／a two-week vacation
> 「2週間の休暇」／a four-leaf clover「四つ葉のクローバー」／a three-
> story building「3階建ての建物」

※ story は「階」です。昔ヨーロッパの建築物では、何階かを示すためにフロアごとに
「歴史物語の絵」を描いたり飾ったりしたので、3階建ての建物なら3つの story「物語」
があることから、「階」という意味が生まれました。

見た目が似ている形容詞（forgetful／forgettable など）の意味

▷ " 動詞 + -able" には法則がある

　見た目が似ている形容詞は語尾（-able・-ible）に注目して区別してください。"動詞 + -able・-ible" は「可能と受動の2つの意味を持つ」のです。

"-able・-ible" の特徴　※ -able と -ible はつづりが違うだけで「特徴は同じ」

①可能「～できる」	②受動「～される」

　「できる」の意味は有名ですが、「される（受動）」のほうが知られていません。しかし、-able・-ible を「～<u>されること</u>が<u>できる</u>」と考えることで、まぎらわしい形容詞の意味が鮮明に区別できます。

　また、**「-able・-ible が受動」ということは、これを裏返せば「-able・-ible 以外の語尾は能動」**と考えることもできます。

　たとえば forgettable は、動詞 forget「忘れる」+ 受動（-able）で、「（周りから）忘れられるような」→「忘れられやすい・（人の）印象に残らない」です。一方、forgetful は、-ful は受動ではないので能動と考えて、「forget <u>するような</u>」→「忘れっぽい」です。右ページで、入試で特に大事なペアを確認してみましょう。

まぎらわしい形容詞（入試でよく問われるもの）

	能動「～している」	受動「～されている」
forget （忘れる）	**forgetful** （忘れっぽい）	**forgettable** （印象に残らない）
respect （尊敬する）	**respectful** （敬意を示す）	**respectable** （立派な・まともな）
regret （後悔する）	**regretful** （残念に思っている）	**regrettable** （残念な・悲しむべき）

Yuina comes from a respectable family.

ユイナは立派な家柄の出だ。

※「リスペクトされるような家」／直訳「立派な家の生まれだ」→「立派な家柄の出だ」

Yuina's parents were respectful of her career choice.

ユイナの両親は、彼女の進路選択を尊重した。

※「両親がリスペクトを示している」／be respectful of ～「～に敬意を示す・～を尊重する」の形はよく使われる。

▷ 超重要単語の available

　available の訳語は「利用できる・手に入る・都合がつく・手が空いている」と羅列されがちですが、まずは語尾 -able から、available「使われることができるような（be available ≒ can be used）」と考えてください。さらに、available は「使われることができる」→**「スタンバイ OK」**のイメージを持つといいでしょう。「物がスタンバイ OK」→「利用できる・手に入る」、「人がスタンバイ OK」→「都合がつく・手が空いている」となります。

Free Wi-Fi is available in the hotel lobby.

ホテルのロビーでは、無料 Wi-Fi が使えます。

※「利用できる」という意味

数量形容詞（数の大小を表す形容詞）

▷ 数量形容詞は「可算・不可算名詞」に分けて考える

数量形容詞　　※可算名詞・不可算名詞ごとに使われる表現が違う

	数（可算名詞）に使う形容詞	量（不可算名詞）に使う形容詞
「たくさんの」	many a large number of 〜	much a large amount of 〜
「少しある」 （肯定的）	a few	a little
「ほとんどない」 （否定的）	few	little
「たくさんの」	quite a few	quite a little ※あまり使われない

　a few・a little の "a" は「1つの」→「ある程度のカタマリ1つ」→**「少しある」**と考えてください。一方、few・little は「a がない（1つのカタマリすらない）」→**「ほとんどない」**ということです。

　a few は「少し<u>ある</u>（肯定的）」なので、quite a few は「すごくある」→「たくさんの」です（a few に「強調」を表す quite がついただけ）。

▷ 単数扱いする「3つの "e"」

　each「それぞれの」、every「すべての」、either「どちらかの」はどれも意味が「複数っぽい」のですが、「1つひとつを意識する」ため「単数扱い」になるのがポイントです。every day の day が単数扱い（days ではない）のはおなじみですよね。each・every・either は3つとも "e" で始まるので「3つの "e" は単数扱い」と覚えてしまいましょう。

※ついでに either とセットで「neither も単数扱い」となります。

(1) 正しいのはどっち？

都合がつく

① it is convenient　　② you are convenient

(2) 正しいのはどっち？

彼は残念に思っている。

He is (　　).

① regretful　　② regrettable

(3) 単数扱いする "e" で始まる形容詞を３つ書きましょう。

解 答

(1) ①

解説：convenient は「人を主語にできない形容詞」なので、① it is convenient が正解です。it is convenient for you のように "for 人" がくることもあります。

(2) ①

解説：「彼が残念に思っている」という能動関係なので、① regretful を選びます。② regrettable は動詞 regret「後悔する」＋受動（-able）なので、「regret されることができるような」→「残念な・悲しむべき」です。

(3) **each・every・either**

(1) 空所に適するものを選びなさい。

(   ) animals will be accepted for transportation only when shipped in accordance with government regulations.

① Alive ② Live ③ Lived ④ Lively

（立教大学）

(2) 次の文には文法的に間違っている箇所が1つだけある。下線部にある、正さなければいけない箇所を選びなさい。

①Three-years-old boys learn fast, so ②give them presents that ③will help them ④develop skills.

（早稲田大学）

(3) 空所に適するものを選びなさい。

It is most (   ) that Mr. Cole has decided to resign.

① regret ② regrets ③ regretting ④ regrettable

（法政大学）

(4) 空所に適するものを選びなさい。

あさってなら時間があります。

I am (   ) the day after tomorrow.

① available ② reserved ③ engaged ④ occupied

（中央大学）

(1) ②

解説：空所には名詞（animals）を修飾する「形容詞」が入ると考えます。②
Live は「限定用法」の形容詞「生きている」です。叙述用法でしか使えない①
Alive はダメですね。③ Lived は形容詞だと「〜の命を持った」（これは難しす
ぎるのでスルーして OK）、④ Lively は「元気な」という意味なので、文脈に合
いません。

和訳：生きた動物は、政府の規制に従って輸送される場合のみ輸送が許可され
るだろう。

(2) ① Three-years-old boys → Three-year-old boys

解説：① Three-years-old boys はハイフンで結ばれて形容詞化しているので
Three-year-old となります。名詞 boys は複数で問題ありません。

和訳：3歳の男の子は学ぶのが早い。だから彼らには技能を成長させるようなプ
レゼントを与えよ。

(3) ④

解説：It is 〜 that ...「…することは〜だ」という仮主語 It を使った英文です。
真主語は that ... で、「…すること」は「（人から）残念に思われる」という受動
関係なので、④ regrettable が正解です。

和訳：コールさんが辞職することを決めたのは、とても残念なことだ。

(4) ①

解説：available は「スタンバイ OK」のイメージで、この文では「私はあさって
ならスタンバイ OK」→「手が空いている・都合がつく・時間がある」です。
誤りの選択肢の和訳：
② reserve「予約する」の過去形・過去分詞形
③ engage「引きつける・関わらせる」の過去形・過去分詞形
④ occupy「占める」の過去形・過去分詞形

副　詞

イントロダクション

やっぱり使い方と意味が大事

副詞の役割といえば、動詞・形容詞・他の副詞・文などを修飾すると説明されますが、これは「名詞以外を修飾」と覚えたほうが簡単です（ちなみに「名詞を修飾するのは形容詞」でした）。形容詞同様、マイナーな扱いを受ける単元ですが、やはり入試では大事な分野です。

中学英語との違い

中学英語では品詞を意識することが少なく、単語の意味ばかりに意識がいってしまうので、文法的視点が必要で、そこが問われるのは形容詞と同じです。

やはり「使い方」と「意味の違い」を中心に解説していきます。膨大にある副詞の中で入試で問われるものは限られているので、そこを狙い撃ちしていきます。

核心 ▶ 「用法」がポイントなのか、「意味」がポイントなのかを整
理して理解していく

副詞という「品詞」を意識する

▷ 名詞と勘違いしやすい副詞

以下の単語は「副詞」だという意識が必要です。どれも名詞と勘違い
しやすいので注意してください。**名詞ではないので「直前に前置詞は不
要」** という点がポイントになります。たとえば、come here「ここに来
る」や、go home「家に帰る」の場合、here や home の前に前置詞 to を
入れてはいけません。

名詞と混同しやすい「副詞」　　※「場所」関係の単語に多い

home「家に・家で」／here「ここに」／there「そこに」／abroad・
overseas「海外へ」／downtown「繁華街へ」

※ home には名詞もありますが、名詞用法は入試では問われないので（みんな知ってい
るため）、副詞を意識してください。

> Natasha will go abroad at the end of May.
> ナターシャは5月末に海外に行く予定です。

▷ 形容詞との区別

形容詞 complete「完全な」に -ly をつけると副詞 completely「完全
に」となります。英語では、-ly で終わる単語は大半が副詞です。それだ
けに、「-ly で終わるのに副詞ではない単語」が試験で狙われます。

-ly で終わる「形容詞」

① 時間関係：**daily**「毎日の」／**weekly**「毎週の」／**monthly**「毎月の」
② その他　：**friendly**「親切な」／**lovely**「かわいい」／**timely**「タイミングが良い」／**likely**「ありそうな」／**unlikely**「ありそうもない」

これに関しては、以下の法則が役立ちます。

-ly がつくと、品詞が「右に 1 つズレる」

$$\boxed{名詞} \xrightarrow{+\,ly} \boxed{形容詞} \xrightarrow{+\,ly} \boxed{副詞}$$

　friendly や timely などは "**名詞 + ly ＝ 形容詞**" の法則で理解できます。likely のような "**前置詞 + -ly**" という特殊なものもありますが、どっちにしろ、"**形容詞 + ly ＝ 副詞**" のパターンではないわけです。

▷ 接続副詞は結局「副詞」

　長文を読むときや英作文で大事なのが、however などの「接続副詞」と呼ばれるものです。どうしても意味に意識がいってしまうのですが、大事なのは品詞です。接続副詞は結局のところ「副詞」なのです。意味は接続詞っぽいけど、**あくまで「副詞の役割」を果たすので、接続詞のように文をつなぐ働きはありません。**

×）SV however SV.　　※副詞 however では文を「接続」できない
◎）SV. However SV.

> My father has a drivers license. However, he almost never drives.
> 父は運転免許を持っている。しかし、ほとんど運転することはない。

接続副詞の例

> however「しかしながら」/nevertheless「それにもかかわらず」/
> instead「その代わりに」/also・besides・moreover・furthermore
> 「加えて」※besides には「前置詞（〜に加えて）」の用法もある/otherwise
> 「そうでなければ」/therefore「それゆえ」

▶ まとめ　形容詞と副詞の区別

	形容詞	副詞
修飾するもの	名詞を修飾	名詞以外を修飾
文中での要素	C になる	M（修飾要素）になる
"-ly" がついたとき	名詞 + ly	形容詞 + ly

副詞の位置

≫ 入試頻出の「位置が決まった副詞」の3パターン

　副詞の位置はある程度自由なので（however は文頭・文中・文末どこにでも置くことができる）、そういった副詞の位置が試験で問われることはありません。入試に出るのは「位置が明確に決まっている副詞」だけで、重要なものが3パターンあります（enough・頻度の副詞・わがまま副詞）。

(1) enough

　英語の世界では「強調するときは単語の直前に置く」のが原則です。good を強調したいとき、その直前に very を置いて、very good としますね。

　しかし enough は例外で、**修飾したい形容詞・副詞の「直後」に置いて、**[形容詞・副詞] enough to 〜 「〜するほど[形容詞・副詞]だ」という形になります。

The refrigerator was big enough to fit everything we bought.

冷蔵庫は私たちが買ったものが全部収まるくらいに大きかった。

※ fit は「合う」が有名だが、ここでは「収める」の意味（意外と大事）

この英文で、×）enough big にしてはいけません。

ちなみに「enough が前から修飾するのを見たことがある」と思う人もいるかもしれませんが、それは enough 名詞 の形は OK だからです。ただしこの場合、名詞 enough もアリなので、結局のところ enough が入試でポイントになるときは「後ろにくるとき」だけなのです。

(2) 頻度の副詞

「動作がどれくらい頻繁に行われるのか？」を示す副詞の位置は決まっています。従来の文法書には「頻度の副詞は be 動詞の後、助動詞の後、一般動詞の前に置く」と書いてありますが、もっと簡単に**「not と同じ位置」と考えれば OK** です。

頻度の副詞　　※パーセントは目安

100%	always	「いつも」
80%	usually	「たいてい」
60%	often	「しばしば」
50%	sometimes	「ときどき」
10%	seldom／rarely	「めったに〜ない」
5％	hardly ever／scarcely ever	「ほとんど〜ない」
0％	not／never	「いっさい〜ない」

頻度の副詞の中で「位置をよく知っている」のは not のはずです。not は「否定文の作り方」で、正確な位置を習いますね。ですからすべて not と同じ位置と考えれば解決します。

She is usually late.
彼女はたいてい遅れてくる。

usually は is の後に置きます（not も is の後で、is not になりますね）。

My family hardly ever goes on vacation.
私の家族は休みの日にめったに出かけない。

hardly ever は go の前に置きます（do not go のように、not は一般動詞 go の前にきますね）。

(3) わがまま副詞（so・as・too・how・however）

so・as・too・how・however の 5 つだけは、少し特殊な語順をとり、"so 形容詞 a 名詞" という語順になります。

わがままな性格の副詞	so・as・too・how・however			
わがまま副詞がとる語順	わがまま副詞	形容詞	冠詞	名詞

この 5 つを解説する前に、まずは普通の副詞の語順を確認してみましょう。普通は自ら修飾したい単語のそばに移動します。自ら動く「謙虚な性格」なのです。

普通の副詞（very など）

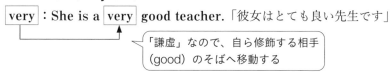

very：She is a very good teacher.「彼女はとても良い先生です」

「謙虚」なので、自ら修飾する相手（good）のそばへ移動する

これに対して so・as・too・how・however の 5 つは「わがまま」だと考えてください。**自らは動かず、修飾する単語を自分のそばに来させる**のです。

わがまま副詞（so・as・too・how・however のみ）

so ： She is so good a ~~good~~ teacher.「彼女はすっごく良い先生なんです」

> 「わがまま」なので good を
> 自分のそばに引きずり出す

so は good を修飾したいにもかかわらず、自分から good のそばに行くことはなく、まるで「お前が来い」と言わんばかりに good を引きずり出します。

※「わがまま」は僕が決めたものですが、妙に評判が良いのでずっと使っています。

> **It was so interesting a book that I couldn't put it down.**
> それはとても面白い本だったので、読むのをやめることができなかった。
> ※ put down「下に置く」→「読むのをやめる」という熟語

「意味」がまぎらわしい副詞

▷ -ly がつくと意味が変わる副詞

形容詞に -ly がつくと副詞になることはすでに解説しましたが、「元々が副詞で、そこでさらに -ly がつく」とガラッと意味が変わるものがあります。たとえば hard には副詞「熱心に」という意味がありますが、hardly になると「ほとんど〜ない」という意味です。

> **Yuta hardly studies.**
> ユウタはほとんど勉強しない。

-ly がつくと意味が変わる副詞（重要なもの）

-ly がつかない副詞	-ly がついた副詞
hard「熱心に」	hardly「ほとんど〜ない」 ≒ scarcely
late「遅く」	lately「最近」
most「ほとんど」	mostly「たいていの場合は／大部分は」
near「近くに」	nearly「ほとんど」 ≒ almost

　ここでは -ly がついた単語（表の右側）がポイントです。「hard や late には形容詞・副詞の両方がある。だからあえて -ly がつく以上、何か別の意味を生み出す」と考えるといいでしょう。

▷「あともうちょっと」の almost

　「almost は副詞」と「almost は nearly と同じ意味」という 2 点が特に大事ですが、意味に関して注意点があります。almost は「ほとんど」と訳されるのですが、その日本語につられずに「あともうちょっと」というイメージを持ってください。**「ちょっと足りない」感じ**なので、almost 70%であれば 68%などを示します。これを「ほとんど70%」と訳すと72%とかを想像してしまうかもしれませんが、絶対に 70%は超えません。これは長文のグラフ問題などで大事な知識となります。他の単語も合わせてチェックしておきましょう。

「ほとんど・約」の区別

> about／around／approximately「約」　※その数値の前後両方 OK
> almost／nearly「ほとんど」　　　　　※その数値には達しない
> barely「かろうじて」　　　　　　　　※その数値をわずかに上回る

Nearly 20 people attended the meeting.
20 人近くの人がその会議に参加しました。

さらに応用として「動詞を修飾する almost・nearly」もあります。ただ、これも今と同じように「ちょっと足りない」ニュアンスがあります。**「もう少しで〜しそう（実際はしない）」**という意味です。

> He nearly missed his flight.
> 彼はあやうく飛行機に乗り遅れるところだった。

　実際には「乗り遅れなかった」という意味になります。

CHECK >	入 試 問 題 に 向 け て

(1) 正しいのはどっち？
「海外に行く」
① go to abroad　　② go abroad

(2)「わがまま副詞」を5つ挙げてみましょう。

(3) 各単語の意味を答えてください。
① hardly　　② lately　　③ mostly　　④ nearly

解答

(1) **②**
解説：abroad は副詞なので、直前に to は不要です。

(2) **so・as・too・how・however**
(3) ①「ほとんど〜ない」　　　　　　②「最近」
　　③「たいていの場合は／大部分は」　④「ほとんど」

(1) 次の文は誤った英語表現を含んでいます。訂正の必要な箇所を下線部
①～④のうちから1つ選びなさい。

I was careless ①to have ②lost my wallet ③on my way ④to home from
the party.

（群馬大学）

5

副

詞

(2) 空所に適するものを選びなさい。

A：So, what did you think of Ross?

B：Well, he was (　　) about the situation in detail.

① enough kind to explain　　② enough kind explaining

③ kind enough to explain　　④ kind enough explaining

（追手門学院大学）

(3) 空所に適するものを選びなさい。

I may not be (　　) you think.

① as a nice person as

② as nice a person as

③ a person as nice as

（県立広島大学）

(4) 空所に適するものを選びなさい。

Please speak up, as I can (　　) hear you.

① hard　　　② hardly　　　③ little　　　④ only

（学習院大学）

(1) ④ to → 削除

解説：④直後の home は「副詞」として使われていると考え、前置詞④ to を削除します。on one's way home「家に帰る途中で・帰り道に」はよく使われる表現です。ちなみに、I was careless to have lost 〜 では、「完了不定詞（to have p.p.）」が使われています。

※「完了不定詞」については 182 ページ

和訳：パーティーから家に帰る途中で財布をなくすなんて、私は不注意だった。

(2) ③

解説：enough は修飾する語句の直後に置き、形容詞・副詞 enough to 〜「〜するほど 形容詞・副詞 だ」という形になります。よって、③ kind enough to explain が正解です。he was kind enough to explain about 〜「彼は〜について説明してくれるほど親切だった／彼は親切にも〜について説明してくれた」となります。

和訳：
A：それで、ロスについてどう思った？
B：ええと、彼はとても親切だから、状況について詳しく説明してくれたよ。

(3) ②

解説：as はわがまま副詞で、"as 形容詞 冠詞 名詞 "の語順をとります。この語順になっている、② as nice a person as が正解です。

和訳：私は君が思うほど良い人ではないかもしれないよ。

(4) ②

解説：空所前の as は接続詞で「理由」を表し、後半は「大きな声で話してほしい理由」になります。「声がほとんど聞こえない」と考え、② hardly「ほとんど〜ない」を選べば OK です。① hard「熱心に」との区別がポイントになります。

和訳：大きな声で話してください。あなたの声がほとんど聞こえないんです。

名前は単純だけど、 きちんとした理解が必要

接続詞とは文字通り「単語と単語、SV と SV などを接続する」ものです。ネーミングは単純ですが、完璧に理解している人は実は少ない単元なのです。

接続詞には 2 種類あって、まずはそれを区別して理解することが重要です。また、接続詞は構文把握で重要な役割を果たすので、文法だけでなく長文にも直結する、とても重要な単元です。

中学英語との違い

and や if は誰でも知っているでしょうが、これがかえってやっかいなんです。つまり「if は知っているから」と思い込んでしまうと、高校英語で壁にぶつかってしまうのです。たとえば「if って何?」と聞かれたときに……

> if は従属接続詞であり、If sv, SV. の形をとり、副詞節では「もし」以外に「たとえ〜であっても」という意味に、名詞節では「〜かどうか」という意味になる。

これぐらいのことがスラスラと出なければ if を知っているとは言えないのです。中学では「接続詞は訳し方だけ」という人が多いでしょうから、ここで基本から(特に接続詞の「形から」)理解する姿勢で臨んでいきましょう。

接続詞は2種類／接続詞は「形」から入る

等位接続詞

▷ 2種類の「接続詞」

　接続詞には等位接続詞と従属接続詞の2種類があり、「何かをつなぐ（接続する）」という共通点はありますが、「つなぎ方」に違いがあります。

接続詞の全体像

> （1）等位接続詞（**and・but・or** など）
> （2）従属接続詞（**when・if** などたくさん）
> 　※副詞節をつくる（一部、名詞節もつくる）

▷ 等位接続詞の基本

　等位接続詞は「2つのものを等しく（対等に）結ぶ働き」があります。代表格は and ですが、and を見たら以下のように「何と何を結ぶのか？」を意識してください。ポイントは**「and を見たら後ろを見てから前を探す」**ことです。

※この発想は、A の後に長い語句が入る（A ... and B の形）のときに効果的です。

She went to the supermarket and bought some eggs.
彼女はスーパーマーケットに行って卵をいくつか買いました。

and 直後にある bought に注目して、「前に bought と同じ形（過去形）を探す」わけです。ここでは went が見つかるので、and は went 〜 と bought 〜 を結んでいることがわかります。
※ 3 つのものを結ぶときは "A, B and C" の形になります。

▷ 等位接続詞を使った重要表現

等位接続詞の重要表現　※どれも「A と B をセットで考える」

6

接
続
詞

①並列系：both A and B「A と B 両方」／either A or B「A か B どちらか」／neither A nor B「A も B もどちらも〜でない」
②対比系：not A but B「A でなく B」／not only A but also B「A だけでなく B も」

Both he and I are against the plan.
彼も私も 2 人ともその計画には反対です。

主語が both A and B「A と B 両方」の場合、動詞は「複数扱い」になります（今回は are が使われています）。

She is not only a nurse but also a yoga instructor.
彼女は看護師であるだけでなく、ヨガのインストラクターでもある。

従属接続詞（when・if 型接続詞）

≫ まずは用語を理解しよう

「従属接続詞が導く節は副詞節をつくる」という大事なルールがありますが、まずは「従属接続詞」と「副詞節」という用語を理解しましょう。

文法用語の確認

> 従属接続詞：「if・because などの単語そのもの」のこと
> 副詞節　　：「if sv というカタマリ」のこと

if そのものは「従属接続詞」と呼ばれ、「ソロ活動するときの芸名」と考えてください。if がつくったグループの名前が「副詞節」です。

ちなみに「主節」は「メインの SV（上の例では後ろにある SV）」で、「従属節」は「従属接続詞を含む sv（上の例では "If sv"）」のことです。ここでは "従属節 = 副詞節" です。

つまり、"If sv" のカタマリを、**品詞の観点からは「副詞節」**と呼び、**別の観点（主節との兼ね合い）からは「従属節」**と呼ぶのです。

▷「形」を意識する

従属接続詞は意味だけでなく、「形」も意識することが大切です。

従属接続詞がとる「形」　　※（　）は「副詞節」を表す

（ 従属接続詞 sv ）, SV. ※副詞節が後ろにきても OK：SV（ 従属接続詞 sv ）

When she was young, she played soccer every day.
彼女は若い頃、毎日サッカーをしていました。

▶ **まとめ　等位接続詞 vs. 従属接続詞**

	「結ばれるもの」の関係	結べるもの	数
等位接続詞	対等（等位）	単語・句・節・文（何でも **OK**）	少ない
従属接続詞	対等でない（従属）	文のみ	多い

▷ 前置詞と接続詞の区別

入試では「前置詞と接続詞の区別」が問われます。共通点は「副詞のカタマリをつくる」ことですが、相違点は「後ろの形」です。

前置詞 vs. 接続詞（理論）

	後ろにくる品詞	**sv**（主語＋動詞）
前置詞	名詞（代名詞・動名詞も含む）	副詞句／形容詞句
接続詞	**sv**（主語＋動詞）	副詞節／（ほんの一部は）名詞節

よく出るのが during と while の区別で、どちらも「〜の間」という訳ですが、**during は前置詞、while は接続詞**という大きな違いがあります。それも含めた入試頻出のペアは以下の通りです。

I read the new book during lunch break.
私はお昼休憩の間に、その新しい本を読みました。
※ SV during 名詞 . の形

I read the new book while I ate lunch.
私はお昼ご飯を食べている間に、その新しい本を読みました。
※ SV while sv. の形

前置詞 vs. 接続詞（入試頻出のもの）

意味 ＼ 品詞	前置詞	接続詞
「〜の間」	during	while
「〜までには」	by	by the time
「〜なので」	because of	because
「〜しなければ」	without	unless
「〜だけれども」	in spite of／despite	though／although even though／even if

I couldn't sleep last night because my little sister was crying all night long.
妹が一晩中泣いていたので、私は昨夜眠れなかった。
※ all night long「一晩中」／※ SV because sv. の形

I couldn't sleep last night because of my little sister. She was crying all night long.

妹のせいで、私は昨夜眠れなかった。妹が一晩中泣いていたのだ。

※1文目は SV because of 名詞 . の形

6

接続詞

補足 **前置詞・接続詞「両方」の用法があるもの**

※「時」関係の単語に多い

> before／after／till／until／since／as

▷ 従属接続詞を一気にチェック

　英語が得意な受験生でも、従属接続詞をまとめてチェックしたことがある人はあまりいません。みなさんはいまのうちに大事な接続詞をチェックしておきましょう。もちろん「意味」だけでなく、「形」も大事ですよ。

（1）「時」を表す従属接続詞

when「〜するとき」	while「〜する間」
before「〜する前に」	after「〜する後に」
till／until「〜までずっと」	since「〜から今まで」
as soon as「〜するとすぐに」	by the time「〜するまでには」

We waited until Steven came.

僕たちはスティーブンが来るまで待った。

※ SV until sv. 「sv するまで SV だ」の形なので、until sv から訳す。

(2)「条件」を表す従属接続詞

if「もし〜なら」／unless「〜しない限り」／once「いったん〜すれば」
／in case「もしも〜の場合には・〜するといけないから」／as long as・
so long as「〜する限りは」／as far as・so far as「〜する範囲内では」

> Unless you study, you'll never pass the test.
> 勉強しないと、試験には受からないぞ。

(3)「対比／逆接・譲歩」を表す接続詞

while・whereas「〜する一方で」
※ while は「〜する間に」以外にこの意味も大事
though・although「〜だけれども」
even though「(実際そうであるが) たとえ〜でも」
※ though を強調したもの
even if「(実際はわからないが) たとえ〜でも」　※ if を強調したもの
if「たとえ〜でも」　※ if だけで even if の意味で使うこともできる。
whether「〜してもしなくても」

> Although I live in Tokyo, I have never been to Asakusa.
> 私は東京に住んでいますが、浅草には一度も行ったことがありません。

(4)「理由」を表す従属接続詞

because「〜だから」／since・as「〜だから」
in that「〜だから・〜という点において」／now that「今やもう〜だから」

> Now that you have been accepted to university, you need to
> find a place to live.
> もう大学に受かったんだから、住むところを探さなきゃね。
> ※ be accepted to university「大学に受け入れられる」→「大学に合格する」

従属接続詞内での "s + be" の省略

≫ 2つの条件がそろえば "s + be" は省略できる

従属接続詞の後ろには当然 sv が続くのですが、以下の条件を同時に満たすときだけ省略できます（もちろん省略しなくても OK）。

（従属接続詞がつくる）副詞節内での "s + be" の省略条件

① "副詞節内の s = 主節の S" のとき
② 副詞節内の動詞が be 動詞のとき

※主節の動詞は何でも OK（省略しないので）

> **I never use my smartphone while walking.**
> 私は絶対に歩きながらスマホを使わない。

上の例文は本来、I never use my smartphone while {I am} walking. ということです。主節の主語（I）と、while「〜する間」がつくる副詞節内の主語（I）が一致していますね。そのため、副詞節内の I am が省略されているわけです。

「歩きスマホ」を表したい場合、use one's smartphone while walking（歩いている間にスマホを使う・歩きながらスマホを使う）は便利ですよ。

> **Fasten your seatbelt while seated.**
> お座席ではシートベルトをご着用ください。　　※飛行機やタクシー内で

fasten「締める」は「ファスナー（fastener）」から連想しやすい単語です。これは動詞で始まっている「命令文」なので、主語は You ですね（この主語の省略は単に命令文だからです）。

本来の形は、{You} Fasten your seatbelt while {you are} seated. です。

※動詞 seat は「座らせる」で、be seated「座らされている」→「座っている」となります。

「名詞節」もつくる従属接続詞 (that・if・whether)

▷ 接続詞 that は「名詞のカタマリ」もつくれる

従属接続詞はどれも「副詞節」をつくるわけですが、たくさんある従属接続詞のうち、**たった3つだけ (that・if・whether) が「名詞節"も"つくる」**ことができます。

名詞節というと難しく聞こえますが、「名詞のカタマリ」のことで、名詞と変換可能だと意識できれば簡単です。以下で、名詞が "that sv"「svということ」に置き換わっているところを確認してみてください。

I know the man . 「私はその男性を知っている」

↓

I know that he is rich .

「私は彼がお金持ちだということを知っている」

▷「接続詞 that を目的語にする動詞」の裏技

that 節が目的語になる、つまり SV that ~ の形になるとき、その V は「認識・伝達系の意味を持つ」という共通点があり、「認識（思う・考える）・伝達（言う）」の意味の動詞だけが後ろに that 節をとれるのです。

この法則を利用すれば、もし知らない動詞が出てきても、**SV that ~ の形になっていれば「思う・言う」という意味**を当てはめれば（100%完璧ではないものの）大体の意味がわかってしまうのです。

> I venture that the price of land in Yokohama will go up in the next few years.
> 横浜の地価が今後数年間で上昇すると思います（推測します）。

venture は名詞「冒険」で有名ですが、動詞「あえて~と述べる・思い切って~と言う」を知っている受験生はまずいません。でも SV that ~ の形から「思う・言う」と考えれば意味がわかるのです（「思う」と「言う」は違いますが、英文の内容を理解するには十分です）。

同格の that

▷ 同格の that とは？

「名詞節をつくる that」が、前にある名詞にくっついて、「その名詞を説明する働き」があります。" 名詞 that ～" の形で、名詞の内容を that 以下で説明するわけです。

| the fact | that her painting won an award |

名詞　　　　　　　　　　　　名詞節

「事実」　「彼女の絵が賞を勝ち取ったこと」

→「彼女の絵が賞を勝ち取ったという事実」　※ that 以下から訳すイメージ

このように「2つの名詞が同じように並ぶ」ことから「同格の that」と呼ばれます。

She is proud of the fact that her painting won an award.
自分の絵が受賞したという事実を、彼女は誇らしく思っている。
※ be proud of ～「～を誇らしく思う」／win「勝ち取る」／award「賞」

同格の that がくっつく名詞は**事実・認識・可能性系統の名詞**に限られます。以下の名詞を眺めて、「こういう名詞（事実・認識・可能性）の後に同格の that がくるんだなあ」と感じ取ってください（同格の that をとるものだと暗記する必要はありません）。

同格の that をとる名詞

※同格の that をとる前提で訳語に「～という」を入れました。

> fact「～という事実」／news「～という知らせ」／knowledge「～という知識」／conclusion「～という結論」／idea「～という考え」／thought「～という考え」／belief「～という信念」／feeling「～という感情」／likelihood「～という可能性」など

so 〜 that ... 構文の基本

≫ so 〜 that ... には 2 つの意味がある

so 〜 that ... の意味

① 結果「とても〜なので（その結果）… だ」　　※前から訳す
② 程度「…なくらい〜だ」　　　　　　　　　　※後ろから訳す

　so 〜 that ... は「結果（とても〜なので…）」から考えて、それで不自然な日本語になるなら「程度（…なくらい〜だ）」に切り替えるといいでしょう。ただし実際には**結果・程度のどっちでも解釈できる**ものが大半です。次の文もどちらでも OK であることを確認してみてください。

> **My boss is so kind that he is liked by everybody.**
> **結果**「ウチの上司はとても優しいので、みんなに好かれている」
> **程度**「ウチの上司はみんなに好かれているほど優しい」

≫ so that 〜 との区別

　so 〜 that ... と似た形で、"so that s 助動詞 " という表現があります。**so と that がくっつくときは「目的（〜するために）」の意味**になります。

※この so that の後ろには必ず助動詞が必要です。助動詞自体は何でも OK ですが、will・can・may（時制の一致の場合は過去形 would・could・might）がよく使われます。

> **He got to the concert early so that he could get a good seat.**
> 彼は良い席をとるために、コンサート（会場）に早く着いた。

名詞節をつくる if・whether

≫ if は副詞節だけでなく、名詞節もつくる

　名詞節をつくる従属接続詞は that 以外に、if と whether があります。

まずは if の 3 つの意味を確認します。3 つともバラバラに見えますが「半々の不安定」という共通点があります。

if の意味 　核心▶：半々の不安定

> ① 副詞節の場合　「もし〜ならば」
> 　　　　　　　　「たとえ〜でも」※ even if の形になることもある。
> ② 名詞節の場合　「〜かどうか」

※どれも「起きる可能性が半々」で、ズバッと断定できない不安定さが感じられます。

If he comes, I'll tell you.
もし彼が来たら、（あなたに）伝えるよ。
※副詞節をつくる if

Do you know if he will come?
彼が来るかどうか知っていますか？
※名詞節をつくる if

「彼が来るか」は確信を持てない不安定さがあります。know は他動詞なので、直後に名詞（目的語）を必要とします（他動詞については次の　テーマ▶ 7 ですぐに解説します）。それゆえ **know の直後にある if 〜 は名詞のカタマリをつくる**と考えるわけです。**if は名詞節をつくるので、ここでは「〜かどうか」という意味**になると判断できます。

≫ whether の判別

接続詞 whether も副詞節・名詞節の両方をつくれます。ちなみに whether と if は「名詞節のときだけは同じ意味（〜かどうか）」です。

whether の意味 　核心▶ 2つのうちどっちか

> ① 副詞節の場合　「〜であろうとなかろうと」
> ② 名詞節の場合　「〜かどうか」　※名詞節 if と同じ意味

Do you know whether he will come?

彼が来るかどうか知っていますか？

※他動詞 know の後ろなので、この whether は名詞節「～かどうか」

▶ まとめ　if／whether の意味

接続詞 ＼ 何節？	副詞節	名詞節
if	もし～／たとえ～でも	～かどうか
whether	～であろうとなかろうと	

CHECK　　　　　入 試 問 題 に 向 け て

（1）while の「品詞」と「意味（2つ）」を答えてください。

（2）if の意味を3つ答えてください。

（3）whether の意味を2つ答えてください。

解答

（1）**品詞：接続詞　意味：「～する間」と「～する一方で（対して）」**

（2）**「もし～ならば」「たとえ～でも」（副詞節の場合）**
　　「～かどうか」（名詞節の場合）

（3）**「～であろうとなかろうと」（副詞節の場合）**
　　「～かどうか」（名詞節の場合）

空所に適するものを選びなさい。

(1)

When he was a little boy, he used to like (　) baseball and swimming.

① between　　② either　　③ neither　　④ both

（駒沢大学）

(2)

(　) his vacation, the shop was temporarily closed.

① While　　② During　　③ In　　④ When

（法政大学）

(3)

(　) I'm enjoying my stay in France, I still miss my home country.

① While　　② However　　③ Even　　④ As

（南山大学）

(4)

父は昨夜とても疲れていたので、夕食もとらずに寝てしまいました。

My father was so exhausted last night (　) he went to bed without even eating supper.

① since　　② that　　③ as　　④ resulting

（中央大学）

(1) ④

解説：空所の後ろの and に注目して、both A and B「A と B の両方」の形にします。ちなみに、主節は used to 原形「かつては〜していた」の形です（161 ページ）。

和訳：彼は子どものころ、野球と水泳が好きだった。

(2) ②

解説：空所の直後は名詞（his vacation）がきているので、空所には前置詞が入ります。選択肢で前置詞は、② During か③ In だけです。このうち意味が自然に通る、② During「〜の間ずっと」を選びます。

和訳：彼の休暇中、その店は一時的に休業した。

(3) ①

解説：空所の直後は sv（I'm enjoying my stay in France）がきているので、空所には接続詞が入ると考えます。選択肢で接続詞は、① While か④ As だけです。「フランス滞在は楽しい一方で、母国が恋しい」という対比関係になるように、① While「〜する一方で」を選びます。文全体は While sv, SV.「sv する一方で SV する」です。

和訳：フランス滞在は楽しいが、それでも母国が恋しい。

(4) ②

解説：日本文「とても〜ので、…」と、空所前の so に注目します。② that を選んで、so 〜 that ...「とても〜なので…だ」の形にすれば OK です。

テーマ 7 | 文型

イントロダクション

文型は長文で役立つ

世の中には膨大な数の英文がありますが、ほとんどすべての英文は、たった 5 つの「型」に集約されます。今後、大学入試の長文を読むときに 5 つのパターンに当てはめながら読んでいけるというのは、きわめて便利なことなのです。

さらに、「文型がわかると、動詞の意味がわかる」ことがよくあるのです。そんな良いことだらけの文型をしっかりマスターしていきましょう。

中学英語との違い

もちろん中学で出てきた英文にも文型の発想が使えるわけですが、中学校では「文型」という言葉は使わず、そのタイプ分けにもこだわっていません（たまに「文構造」という用語で説明される）。たとえば give 人 物 という形は中学で出てきますが、中学のときは単に「give 人 物 の形は『人 に 物 をあげる』という意味になります」と教えられるだけです。

これを高校範囲では、文型の視点から「第 4 文型」というタイプに分けていくわけです。知らないことを覚えるというより、知っていることを整理していくイメージです。

自動詞と他動詞の考え方

▷「何を？」と聞き返すのが他動詞

　無数にある動詞の分け方の１つに「自動詞か他動詞か？」という考え方があります。しかしこの自動詞・他動詞に関しては、ズバッとルール化することが不可能で、文法書ではどうしても形式的な説明にとどまり、どうも煮え切らない説明になりがちです。

参考　自動詞と他動詞（形式的な説明）

> 自動詞：自分で意味が完結する動詞／目的語は不要
> 他動詞：他者に影響を与える動詞／目的語が必要

　だからといって、この説明を繰り返して暗記を強要しても、みなさんの苦労は減りませんよね。そこで、本書では例外を承知の上で自動詞・他動詞をズバッと法則化したいと思います。

自動詞・他動詞の即断判別法　　※まずは「他動詞」から考える

> 他動詞：「何を？」と聞き返す
> 自動詞：「何を？」と聞き返すのは変 →「あっそう」で終わる

　　know「知っている」→「何を？」と聞ける！ → 他動詞
　　wonder「不思議に思う」→「何を？」と聞ける！ → 他動詞

　このように**「何を？」と聞き返すものは他動詞**と考えてみてください。これに対して、「何を？」と聞くのが変で、「あっそう」で終わってもいいのが自動詞です。

live「住む」→「何を？」と聞くのは変 →「あっそう…」→ 自動詞
walk「歩く」→「何を？」と聞くのは変 →「あっそう…」→ 自動詞

　live に対して「どこに？」「いつから？」「誰と？」など、いろんな質問はできますが、「何を？」と聞くことはないですね。**まずは「何を？」と聞いてみて、それで通れば「他動詞」です。そうでなければ「あっそう」に移行します。**

※これは 100%すべての動詞に当てはまるわけではありませんが、たったこれだけで大半の動詞は判別できるので、ぜひ知っておいてください。中には「本当に大丈夫？」と不安になる人もいると思いますが、僕はこの自動詞・他動詞の判別法を全国放送の CM で授業したくらいです（2017 年）ので、ご安心を。

　また、**他動詞の後には「何を」に当たる「名詞」が必要**となります。たとえば、I know the truth.「私は真実を知っている」であれば、the truth という名詞がくるわけです。この名詞を「目的語」と言います。

※他動詞の後ろにくるものを「品詞の観点」からは「名詞」と呼び、「要素（働き）の観点」からは「目的語」と呼ぶだけです。要は同じものに 2 つの言い方があるわけで、the truth は「名詞」であり、「目的語」なのです。

自動詞と他動詞（実用的な説明）

	簡易判別法	後ろにくる品詞（目的語の有無）
自動詞	「何を？」と聞くと変 →「あっそう」で終わる	後ろに名詞はこない ※前置詞・形容詞・副詞が多い
他動詞	「何を？」と聞ける！	後ろに名詞がくる ※その名詞を「目的語」と呼ぶ

注意すべき他動詞

▷「セット」で整理する動詞（lie・lay など）

　高校英語で最初に出てくるのが、lie と lay の区別です。大半の高校生が lie を「横たわる」、lay を「横たえる」と習うのですが、**lie は「いる**

（ある・横になる）」、lay は「置く（横にする）」で覚えたほうが絶対にいいですよ。「横たえる」なんて日本語で覚えてもピンとこないし、和訳も不自然になるだけです。

　そしてここでも他動詞には「何を？」、自動詞には「あっそう」が使えます。lay「置く」には「何を？」と聞けるので他動詞です。もしくは「lay は他動詞」とだけ覚えておけば、「いる」なのか「置く」なのかの２択で迷ったきに、「他動詞は『置く』のほうだから……」と判断することができます。以下、重要な動詞のペアを「自動詞か他動詞か？／意味／変化（過去形・過去分詞形）」に注目してチェックしてください。

☑**lie vs. lay**　　　　※下線 <u>lay</u> に注意（時制の違いで判断する）

　lie　自動詞「いる・ある・横になる」　　　lie – **lay** – lain
　lay　他動詞「置く・横にする」　　　　　　**lay** – laid – laid

☑**rise vs. raise**

　rise　自動詞「上がる」　　　　rise – rose – risen
　raise　他動詞「上げる」　　　　raise – raised – raised

☑**grow up vs. bring up**

　grow up　自動詞「育つ」　　　grow up – grew up – grown up
　bring up　他動詞「育てる」　　bring up – brought up – brought up
　※受動態は…… ×) be grown up　　◎) be brought up「育てられた」

☑**sit vs. seat**

　sit　自動詞「座る」　　　　sit – sat – sat
　seat　他動詞「座らせる」　　seat – seated – seated

| **The cat lay on the sofa.**
　ネコはソファの上にいた。

　lay は **lie の過去形**です。もし他動詞 lay の現在形なら、主語は The

---

cat なので 3 単現の s がついて lays になるはずです。また、直後に名詞
（目的語）もありませんね。

> She laid her smartphone on the table.
> 彼女はスマホをテーブルの上に置いた。
> ※他動詞 lay の過去形 laid

▷「何を？」の判別法が使えない他動詞

　「何を？」と聞き返せるのが他動詞ですが、この方法が使えない動詞も
例外的にあり、入試で特に問われるものをチェックしていきましょう。
※たくさんあるように見えますが、そもそも無数にある動詞の中での例外にすぎません。

---

① 「〜に」系統：resemble「〜に似ている」／answer「〜に答える」
／attend「〜に出席する」／reach「〜に着く」（=arrive at[in] 〜／
get to 〜）／approach「〜に近づく」／visit「〜を訪問する」／join
「〜に参加する」／enter「〜に入る」
② 「〜と」系統：contact「〜と連絡をとる」／marry「〜と結婚する」
（=get married to 〜）
③ 「〜について」系統：discuss「〜について話し合う」（=talk
about[over] 〜）／mention「〜について言及する」／consider「〜
について考える」

品詞・文型について

▷ 品詞・文型は 3 つのフェイズで考える

　品詞の説明では「教える内容が整理されていない」のでみなさんが混
乱するのも仕方ありません。ここでは従来の「品詞の説明」の欠点を補
うべく、3 つのフェイズ（phase「段階」）に分けて解説していきます。

フェイズ1　単語レベルの品詞　※（　）内は1つの例

名詞（**cat**）／代名詞（**it**）／形容詞（**tall**）／副詞（**slowly**）／動詞（**run**）
冠詞（**the**）／助動詞（**can**）／前置詞（**on**）／接続詞（**if**）

　本書ではこれを「フェイズ1」と名付けます。あくまで「"1つの単語"の品詞」です。ただしこの中でさらに2種類に分かれます。1段目の**「名詞／代名詞／形容詞／副詞／動詞」はそれぞれ「単独で働ける品詞」**です。

　2段目の**「冠詞／助動詞／前置詞／接続詞」は「(単独で働けず) ペアを求める品詞」**です。これは以下のように、ある品詞と別の品詞が合わさって「全体としての品詞」が決まるのです。

☑ **冠詞の後には名詞がくる（冠詞＋名詞）**
　　→ 名詞のカタマリになる　　　例：the + cat → the cat
☑ **助動詞の後には動詞がくる（助動詞＋動詞）**
　　→ 動詞のカタマリになる　　　例：can + swim → can swim
☑ **前置詞の後には名詞がくる（前置詞＋冠詞＋名詞）**
　　→ 副詞・形容詞のカタマリになる　例：on + the + table → on the table
☑ **接続詞の後にはSVがくる（接続詞＋名詞・代名詞＋動詞）**
　　→ 副詞のカタマリになる　　　例：if + they + come → if they come

　このように単語で働こうがペアになろうが、結局は以下の「4つの品詞」に集約されます。これが次のフェイズとなります。

フェイズ2　カタマリでの4大品詞

名詞／形容詞／副詞／動詞

　たとえば「従属接続詞は副詞節をつくる」というとき、「従属接続詞」はフェイズ1で、「副詞節」はフェイズ2の品詞名なのです。

ちなみに、この「カタマリ」は「句・節」と呼ばれますが、詳しい説明は後にして、まずは３つめのフェイズまでの全体像を見てみましょう。

品詞→句・節→文型への流れ

フェイズ１　単語レベル：**名詞・形容詞・副詞・接続詞・動詞**など

↓

フェイズ２　句・節レベル：**名詞・形容詞・副詞・動詞**

↓

フェイズ３　文型レベル：SV・SVC・SVO・SVOO・SVOC

注意▶

□表の中の太字について：フェイズ２で使う「名詞・形容詞・副詞・動詞」という用語自体は、フェイズ１でも使われます。
□表の赤字について：「動詞」という用語は３つのフェイズで使われます（フェイズ３のときだけ "**V**（ヴイ）" と呼ばれることもありますが）。

　このように、フェイズごとに使う用語が決まっているのですが、その用語が重複しているのです。そこをしっかり意識しておきましょう。

▷ 句や節は「カタマリ」と考えれば OK

参考　**文法書や問題集に載っている「句・節」の説明**

句：複数の単語が集まって１つの意味を形成する。その中に **SV** は含まれない
節：複数の単語が集まって１つの意味を形成する。その中に **SV** が含まれる

　「句と節」についてはこのように説明されます。「SV の有無」ばかりが強調されるのですが、大事なことは**どちらも「カタマリになる」**ということです。句と節については、相違点よりも共通点のほうが大事なのです。名詞の働きをするカタマリなら「名詞句」か「名詞節」、形容詞の働

7

文

型

きをするカタマリなら「形容詞句」か「形容詞節」、副詞の働きをするカタマリなら「副詞句」か「副詞節」と言います。

4大品詞の働き

	役割
名詞	S（主語）・O（目的語）・C（補語）のどれかになる
形容詞	名詞修飾 **or** C（補語）になる
副詞	名詞以外を修飾（修飾語（**M**）になる） （動詞・形容詞・他の副詞・文全体を修飾する）
動詞	V になる（動作・状態を表す）

▷ フェイズ3　文型の考え方

　フェイズ2で、4つの品詞に落とし込んだら、次はSやVなどの記号を入れていくのが「文型を判断する」という作業です。まずは記号（S・V・O・C・M）が何なのかを確認していきましょう。

文の要素（働き）

要素	記号	働き	この要素になれる品詞
主語	S	文の主体（主人公）を表す語	名詞
動詞	V	「～する／～である」に当たるもの	動詞
目的語	O	動作の対象・目的物を表す語 ※主に「○○を」「○○に」に相当	名詞
補語	C	主語の内容を補う語	形容詞・名詞
修飾語	M	修飾する（説明する）働きがある語	形容詞・副詞

　これを踏まえて、3つのフェイズを総確認してみましょう。

フェイズ1

The patient	waited	quietly	until	his	name	was	called.
冠詞 名詞	動詞	副詞	接続詞	代名詞	名詞	動詞	動詞の過去分詞

フェイズ2

The patient	waited	quietly	until his name was called	.
名詞句	動詞	副詞	副詞節	

フェイズ3

<The patient> waited (quietly) (until his name was called).
    S   V   M   M

第1文型　SV（M）

≫ M がつくのが普通

　SとVだけで成り立つのが「第1文型」です。ただ実際には、I live.
では意味を成さないので、I live in Saitama.「僕は埼玉に住んでいる」の
ように修飾語句（in Saitama）のMがくっついて、**SVMの形になる**ケ
ースがほとんどです。

※ in Saitama は「前置詞＋名詞」で「副詞のカタマリ」になります。

> **My grandmother walks to the supermarket every morning.**
> 祖母は毎朝、スーパーまで歩いて行く。

　My grandmother が S、walks が V、to the supermarket と every
morning が共に M です。また、第1文型でよく使われる基本動詞は次ペ
ージのものです。特に暗記する必要はありませんが、こういう動詞が第
1文型でよく使われるので眺めてみてください。

第 1 文型でよく使われる基本動詞の例

① 存在・移動：be「いる・ある」／ live「住む」／ come「来る」
② 出現・消失：appear「現れる」／ disappear「消える」／ die「死ぬ」
③ 感情・その他：laugh「笑う」／ look「見る」／ talk「話す」

▷ 知らない動詞を予想できる

　文型をマスターするメリットは「無数にある英文が 5 つの型に集約できること」と「文型を把握することで知らない動詞の意味を予想できること」です。英文を読んでいて知らない動詞が出てきても、第 1 文型の文であれば「存在・移動」の意味で使われることが多いのです。つまり**動詞の意味がわからなくても第 1 文型ならば「いる・ある」か「動く」と考えてみれば、意味が通じる**ことが多いのです。

※例外は基本動詞に多く、たとえば look「見る」も第 1 文型ですが、さすがにこの意味は知っていますよね（基本動詞に例外がたくさんありますが、すべて知っているはず）。

問：以下の英文の意味を推測してください（transfer を知らない前提で）。

He transferred to a school in Kobe.

　この英文は第 1 文型ですね。He が S、transferred が V、to a school も in Kobe も M になります（M はいくつあっても文型の判断には関係ない）。すると、transfer は「いる」か「動く」と推測できます。もっと言えば、前置詞 to は「方向・到達」を表すので、「神戸の学校に移動した」とまで予想できるのです（-ed なので過去形だとわかる）。

　この英文は厳密には「彼は神戸の学校に転校した」という意味ですが、transfer をまったく知らなくても、大体の意味が予想できるのです。

第2文型　SVC

▷ 第2文型ではＳ＝Ｃが成立する

　第2文型（SVC）では必ず"S＝C"が成り立ちます。SVCの文を見たらすぐに「S=Cだ！」と反応してください。SVCでよく使われる動詞の代表格はbe動詞です。be動詞は「イコール」の意味が中心ですね。

　ちなみにCは「補語（主語の内容を補う語）」です（Cになるのは形容詞と名詞）でした。

　第2文型をつくる代表的な動詞は次の通りです。この動詞を見たときに「SVCになるのでは？」と予想することが大切です。

第2文型（SVC）でよく使われる動詞（この意味ではすべて自動詞）

> ① 存在・継続：be／keep「〜のままでいる」
> ② 変化：become・get・turn・grow・come・go「〜になる」
> ③ 感覚：seem・appear「〜のようだ」／look「〜に見える」／feel「〜のように感じる」／sound「〜に聞こえる」

| **It looks delicious.**
　それ、おいしそうだね。

　lookの後に形容詞deliciousがきています。直訳は「それはおいしそうに見える」です。It is delicious.「それはおいしいです」も同じ第2文型ですが、「be動詞（is）に装飾がついた・変化した」イメージです。

　このイメージがあると、第2文型をとる動詞の後に-ing・p.p.がきたときに、英文の構造が掴みやすくなるはずです。

| **They look tired.**
　彼らは疲れている様子です。

　They are tired.なら「疲れている」という断定ですが、lookを使うことで「（実際にはわからないが見た目では）疲れて見える」となります。

▷ 第2文型なら「イコール」と推測する

　SVCでは「S=C（Cに形容詞がくることが多い）」ので、これを逆手にとると「"動詞＋形容詞（-ing／p.p.も含む）"の形であればSVCになる」と考えることができます。すると、**その動詞の意味は「イコール」になる**と推測できるわけです。

> **The temperature stayed high all night.**
> 気温は、一晩中高いままでした。

　このstayは「滞在する」ではなく、「〜のままでいる」という意味ですが、意味を知らない場合は"stay＋形容詞"という形から、The temperature = high「気温が高かった」と考えれば、大体の意味はとれてしまうのです。

> **Are you going to stay at a hotel?**
> あなたはホテルに泊まる予定ですか？

　これは、stayの後ろにMになる前置詞のカタマリ（at a hotel）がきている第1文型ですね。よってstayは「滞在する」という意味です。万一このstayの意味を知らなくても、「いる」と考えて「ホテルにいる予定？」と考えてもいいわけです。

　間違っても「stayには『滞在する』の他に、『〜のままでいる』という訳し方もあるから、それを暗記して文脈に応じて訳し分ける」なんて考えなくていいのです。まずは「文型を見抜くことで大体の意味が予想できる」と考えることが先です。

※もちろん「動詞の意味を覚えなくていい」というわけではなく、「動詞の意味を暗記していないと絶対に訳せない」という誤解をここで解消してほしいのです。

ちなみにstayの「滞在する」という意味から、SVCで使われる場合にも「しばらくそこにいる」というニュアンスが加わって「〜の状態でしばらくいる」となります。

第3文型　SVO

▷ 第3文型では "S ≠ O"

　動詞には「自動詞・他動詞」という分け方があり、他動詞の後には名詞（目的語）がきます。**その目的語（O）をとる形が「第3文型」です。**

※第3文型でポイントになる他動詞を復習するときは75ページを。

> **He runs a convenience store.**
> 彼はコンビニを経営している。

　run は「走る」という意味で第1文型になることが多く、He runs fast.「彼は速く走る」はおなじみですね（fast は副詞）。ところが、今回の英文では run の直後に名詞（a convenience store）があるので、この run は他動詞ということになります。**他動詞の run は「経営する」**という意味です。「（お店を）走らせる」→「まわす」→「経営する」と考えてください（この意味の run は入試頻出）。

▷ "SV that 〜 " の形だけは意味を予想できる

　第1文型・第2文型では「文型から動詞の意味が予想できる」という、とても便利な方法がありましたが、第3文型だけは動詞の意味が無数にあって、文型から意味を予想することができません。

　とはいえ、無数にある第3文型の中で、「目的語に that 節がきたとき」だけは意味が予想できるのでした。接続詞で紹介した**「"SV that 〜" の形の場合、動詞の意味は『認識・伝達』系統になる」**という技はぜひ活用してくださいね（64ページ）。

第４文型　SVOO

▷ 目的語が２つ

第４文型の動詞は「目的語を２つとる」のが特徴で、SVOO という形になります。簡単にいえば "V 人 物" の形になります（ 人 は便宜上なので、動物・会社など何でも OK です）。

※１つめの目的語は「与える相手（〜に）」を示し、２つめの目的語は「与える物（〜を）」を示します。

> **Kaito gave Sakura a beautiful bracelet.**
> カイトはサクラに美しいブレスレットをあげました。

▷ 「与える」系の意味になる

"V 人 物" の形で最初に習う動詞は、give「与える」の他に、teach「教える」／show「見せる」／lend「貸す」／send「送る」などです。**実はどれも give「与える」がベースにある**のです。teach は「知識を与える」、show は「視覚情報を与える」、lend は「一時的に与える」、send は「送るという手段で与える」ということですね。

> **My brother taught me how to swim.**
> 兄が私に泳ぎ方を教えてくれました。
> ※ "teach 人 物" で、物 に how to 〜「〜の仕方・方法」がきた形です。

入試では、"do 人 物"「人 に 物 を与える」が狙われます。do に「与える」なんて意味があるのが意外ですが、みなさんは "V 人 物" の形になる以上、「与える」という意味になるのは当然だと考えてください。

ただし do の場合は 物 に入る名詞が決まっています。（何でも使えるわけではなく）「善悪・利害」に関する名詞で、good「利益」／harm・damage「害」／a favor「親切」など、一部の名詞に限られます（この good は名詞だということに注意）。

Would you do me a favor?
（1つ）お願いがあるのですが。

　これは会話の決まり文句とされていますが、直訳は「私に1つ親切（a favor）を与えて（do）くれませんか？（Would you）」→「1つお願いがあるのですが」となるのです。

▷「奪う」系統の動詞

　"V 人 物" の形は原則「与える」という意味がベースにありますが、ほんの一部だけ真逆の「人 から 物 を奪う」となる動詞があります。

「奪う」系統の動詞　V 人 物 「人 から 物 を奪う」

　ここにある動詞は、どれもバラバラに熟語として習うと思いますが、実はすべて "V 人 物" 「人 から 物 を奪う」がベースになるので、その共通点を意識すると整理できるでしょう。

※「ギブ＆テイク（与えること＆もらうこと）」という言葉から、give「与える」の反対が take「とる・もらう・奪う」だとわかります。

It took me two hours to finish my homework.
宿題を終えるのに私は2時間かかりました。

　It takes 人 時間 to ～ 「人 が～するのに 時間 がかかる」の形で、世間では公式として教わりますが、みなさんは "take 人 物" 「人 から

物 を奪う」に注目してくださいね。

※ It は仮主語、to ～ が真主語です。また、人 はよく省略されます。

The doctor's carelessness cost the patient his life.
その医者の不注意のせいで、その患者は命を落とした。

　take は「時間を奪う」で、cost は「お金を奪う」です。さらに「お金」に限らず、「大事なもの」がきても OK で、今回は「命（life）」がきています。直訳は「医者の不注意が、患者から命を奪った」です。

≫ spare だけは 2 つの意味を持つ

　細かい内容になりますが、"spare 人 物" だけは give「与える」と take「奪う」の両方の意味があります。真逆の意味なので両方を当てはめて判断してもいいのですが、「物 にくる名詞」で判断できます。

spare の意味判別： 物 にくる名詞の種類で判別する

① spare 人 時間・お金 →「与える」
② spare 人 マイナス単語 →「奪う」 ※ マイナス単語 とは trouble など

※あくまで「傾向」であって絶対ではないので、明らかに文脈がおかしいときは「与える⇔奪う」をスイッチして考え直してください。

Could you spare me a few minutes?
少し時間をいただけますか。

　この spare の意味は give と考えて、「私に数分与えてください」となります。spare は「割く」と習いますが、それは結局「余ったものを与える」ことですよね。

> **Your e-mail spared me the trouble of going there.**
> 君がメールをくれたおかげで、わざわざそこに出掛ける手間が省けました。

　この文では 物 に trouble「手間」がきているので、直訳は「あなたのメールが私からそこに行くという手間を奪った」となります。

▷ 知らない動詞は「与える」だと予想する

　文型のメリットとして、知らない動詞の意味が予想できることがありましたね。第4文型の場合、つまり "V 人 物" の形になっている場合は「与える」と考えれば OK です。

　もちろん「奪う」という動詞を今チェックしたばかりですが、これは入試で狙われる take・cost・save・spare・owe さえ覚えてしまえば、後は知らない動詞を「与える」と訳す裏技が自在に使えます。

> **She got her dog a new toy.**
> 彼女は自分が飼っている犬に、新しいおもちゃを与えた。

　get は「得る」という意味で有名ですが、"get 人 物" の形であれば「与える」という意味になるのです（辞書には細かく「手に入れてあげる・買ってあげる」と載っていますが、結局は「与える」ですね）。

第5文型　SVOC（全体像）

▷ SVOO と SVOC の判別

　第5文型は（第4文型と同じように）動詞の後ろに2つの要素がきます。**第5文型（SVOC）では O = C が成り立ちます。**

第4文型と第5文型の判別

	第4文型（SVO$_1$O$_2$）	第5文型（SVOC）
共通点	Vの後ろに2つの要素	
相違点	O$_1$≠O$_2$	O＝C

I made my sister a doll.

私は妹に人形をつくってあげました。

※ my sister ≠ a doll なので第4文型

Reading every day made me a better writer.

毎日読書をしたおかげで、私はより良い作家となれた（文を書くのが上手くなった）。

※ me=a better writer／直訳「毎日読書をすることが、私をより良い作家にした」

　Cの部分に名詞がきた場合は上のように考えますが、形容詞がきた場合（"SVO＋形容詞"の形）はSVOCだと即断できます。

We made the teacher angry.

私たちは先生を怒らせてしまいました。

※ angry「怒っている」は形容詞

≫ OとCの関係

　SVOCにはO=Cという特徴がありますが、Cの部分に動詞関係（分詞・動詞の原形など）がくる場合、O=Cというイコールの関係よりも、**「主語＋動詞の関係」**だと考えてください。

The teacher made the student go home.

先生はその生徒を帰宅させました。

※ the student が O、go home が C で、「生徒が帰る」という主語 + 動詞の関係

≫ SVOC を理解する 3 ステップ

(1) SVOC をとる動詞に反応　　step1：この動詞を見たら SVOC を予想！

① 使役動詞　make／have／let　　※使役動詞はこの 3 つだけ！
② 知覚動詞　see／hear／feel／find など
③ 使役もどき　keep／leave／get
④ 命名系の動詞　call／name
⑤ V 人 to ～ の形をとる動詞　allow／enable／force／advise など
⑥ help

※動詞の意味など細かいことはそれぞれのところで解説します。

(2) O と C の関係を把握　　step2：s′ v′ を優先して考える！

① C に形容詞・名詞 → O ＝ C と考える
② C に動詞関係（分詞・動詞の原形など）→ s′ v′ の関係

※メインの SV ではないが「実質 SV の関係」という意味で「ダッシュ」をつけて s′ v′ と表記します。

　SVOC をとる動詞に反応したら、次は O と C の関係を把握します。s′ v′ の関係を把握したら、次の(3)に進みます。

(3) s′ v′ の吟味　　step3：「する」or「される」を意識する！

① 能動（s′ が v′ する）：v′ は… (a) 原形／to 不定詞
　　　　　　　　　　　　　　　 (b) -ing
② 受動（s′ が v′ される）：v′ は… p.p.／to be p.p.

　ここがややこしいので、5 つの観点から徹底的に解説していきます。

☑ 原形／to 不定詞 の表記について（使役・知覚動詞の場合）

原形／to 不定詞 は 1 枚のカードだと思ってください。カードの裏表の関係です。使役・知覚動詞なら 原形 をとれますが、それはつまり to 不定詞 はとれないことをカードの裏表で表しています。

※「使役・知覚」という名前が与えられている特別待遇の動詞は「原形をとることができる」という「セレブ」扱いなんです。

> **I'll have my secretary e-mail you.**
> 秘書にメールさせます。
>
> ※ e-mail「メールを送る」は動詞の原形で、使役動詞 have を使ったこの文では to e-mail は使えない。

☑ 原形／to 不定詞 について（使役・知覚以外の動詞の場合）

原形 をとれない動詞は to 不定詞 をとるということです。

※「名もなき動詞（allow・enable など無数）」はセレブになれない「庶民」なので、「原形をとれる」という特権はないとイメージしてください

> **Our teacher allows us to use a smartphone at school.**
> ウチの先生は、学校でスマホを使わせてくれる。
>
> ※ allow 人 to ～「人 が～するのを許可する」で、この文では原形 use は使えない。

☑ 原形／to 不定詞 について（help の場合）

唯一の例外が help で、 原形 と to 不定詞 を両方とることができます。

※庶民出身の help は、成り上がってセレブ階級にも出入りできるのです（96 ページ）。

☑ -ing について

あくまで 原形／to 不定詞 が 1 枚のカードというだけで、 -ing との併用はアリです。つまり「原形・-ing 両方とる」「to 不定詞・-ing 両方とる」の組み合わせは OK ということです。

※拡大解釈して「使役・知覚は原形しかとらない」と勘違いする受験生が多いのですが、使役・知覚動詞は -ing・p.p. もとれます。

☑ p.p.／to be p.p. について

　受動関係の場合は p.p. か to be p.p. のどちらかをとります（両方 OK の例外もありますが気にしなくて大丈夫です）。「p.p. は受動（～される）を表す」ことだけを意識すれば OK です。

> **I couldn't make myself understood in English.**
> 私の英語は通じなかった。　　　※ make oneself understood は直訳「自分自身が（周りの人から）理解される（ようにする）」→「話が通じる」という重要表現

第 5 文型をとる動詞の詳細（使役・知覚動詞）

▷ **使役動詞の詳細**

　使役動詞は「～させる」という意味を持ちますが、強さのニュアンスが違うので、ここで解説していきます。

☑ **make（強制・必然）**

　make OC は「OC の状態を<u>つくる</u>」→ **「強制・必然的に～させる」** というニュアンスを持ちます。必ずしも「無理やり～させる」とは限らず、「主語によって必然的・結果的に～になる」でもよく使われます。

> **The music made me sleepy.**
> その音楽を聞いていたら、眠くなった。

　直訳は「その音楽は私を眠くさせた」で、「音楽を聞くことで必然的に眠くなった」ということです（別に音楽が無理やり眠くなることを強制しているわけではなく、「必然」のニュアンスです）。

7

文

型

☑ have（利害）

have OC は「させる・してもらう・される」のようにいくつもの訳し方を習います。

でもそんなことを暗記する前に **「have は利害」** だと意識してください。「利益」や「被害」のニュアンスで使われます。

> **I had my hair cut.**
> 私は髪を切ってもらった。

この英文は使役動詞 have が使われ、my hair が O、cut が C になります。この cut は過去分詞形の cut で、「髪が切られる」という受動関係です。訳は「私は髪を切ってもらった」が普通ですが、偉そうな訳し方で「（美容師に）髪を切らせた」でも、被害の感じで「髪を切られた」でも、**「髪を切った」という現象自体は同じ**ことです。立場や気持ちなどで「させる・してもらう・される」という日本語が変わるだけで、英文が伝える現象は同じですよね。だから訳し方を丸暗記したり、訳の違いにこだわるのではなく、「使役動詞 have は利害を表す」と押さえることが何よりも重要なのです。

☑ let（許可）

「好きなように〜させてあげる・許可を与える」 というニュアンスです。let は特に命令文（Let me 原形 .「私に〜させて」）で使われます。

> **Let me know when you've finished.**
> 終わったら、教えてね。
> ※直訳「あなたが終わったら、私に知らせて」

≫ 知覚動詞は使役動詞と同じ使い方

知覚動詞はたくさんありますが、まずは see「見える」、hear「聞こえる」、feel「感じる」、find「思う」の４つを覚えておけば入試問題の９割

は解けます。使い方は使役動詞と同じで、**「知覚動詞に反応→ s′ v′ を考える→ s′ v′ の関係を考える」**わけです。

> I found my sister eating my chips.
> 姉が私のポテトチップスを食べてるのを見つけた。

　found を見て、SVOC がくるのではと考え、my sister が s′、eating 〜 が v′ です。「my sister が eat する」という能動関係になっています。

使役・知覚以外の SVOC をとる動詞

▷ 使役もどき（keep ／ leave ／ get）の語法

　keep ／ leave ／ get は SVOC の形をとることがよくあります。**この動詞を見たら、まずは SVOC だと考えてみる**ことがとても大事です。この 3 つはどれも使役動詞に意味がそっくり（場合によっては同じ）ですが、使役動詞ではなく、「使役もどき」として明確に区別します。make などの使役動詞に与えられた特権（C に原形をとれる）がないので、**使い方が違う**からです。

「使役もどき」の動詞

> keep「O を C の状態に保つ」／ leave「O を C の状態のまま放っておく」／ get「O に C させる」

> I got John to help me with the presentation.
> 私は、ジョンにプレゼンテーションを手伝ってもらった。

　get OC の形で、John が O で、to help 〜 が C です。「ジョンが（私を）手伝う」となります（後ろは help 人 with 〜「人 の〜を手伝う」）。
※ここでは get O to 原形 の形ですが、他には get O -ing ／ get O p.p. の形もあります。

> **Yamato kept me waiting for many hours yesterday.**
> ヤマトは昨日、私を何時間も待たせたんだよ。

　keep OC の形で、me が O で、waiting 〜 が C です。日本語訳は「待たせる」となりますが、**「私が待つ」という能動の関係**なので、waiting になります。waited としてしまうミスが多いのですが、それでは「待たれる」という変な意味になるので間違いです。

　また、「〜させっぱなし」という表現はよく出るものが決まっているので、以下にまとめておきます。

「〜させっぱなし」の頻出パターン

① 水流しっぱなし	leave[keep] the water running	
② エンジンかけっぱなし	leave[keep] the engine running	
③ 彼女待たせっぱなし	keep[leave] her waiting	
④ ドアにカギかけっぱなし	keep[leave] the door locked	
⑤ マド開けっぱなし	leave[keep] the window open	
	※この open は形容詞	

※参考までに、keep は「わかっててほったらかし」、leave は「無意識・意識的にほったらかし」の両方（文脈判断）です。ただしこの違いは入試では問われません。①〜⑤で、それぞれよく使うほうを先に書きましたが、特に気にしなくて大丈夫です。

◇ **命名系の動詞**

命名系の動詞

call OC「O を C と呼ぶ」／name OC「O を C と名付ける」／elect OC「O を C に選ぶ」

> **She named her baby Karen.**
> 彼女は自分の赤ちゃんにカレンと名付けた。

◇ **"SV 人 to 原形" の形をとる動詞**
　SV 人 to 〜 の形は SVOC になります。この「C に to 不定詞をとる

動詞」はたくさんあります（名もなき庶民の動詞でしたね）。

　to 不定詞には「未来志向」があるので、基本的に「これから〜することを V する」という動詞ばかりです。たとえば allow 人 to 〜 なら「これから 人 が〜することを許可する」となります。

※「未来志向」については 188 ページ

SV 人 to 〜 をとる動詞の例

allow・permit「許可する」／want「望む」／ask「頼む」／advise「勧める・忠告する」／expect「期待する」／enable「可能にする」／cause「引き起こす」／force「強制する」

> The Internet enables people to get a lot of information.
> インターネットのおかげで、人々はたくさんの情報を得ることができる。

　意訳するときは、SV 人 to 〜 を「S によって 人 は〜する」と考えると自然に訳せるようになります。S enable 人 to 〜 は「S は 人 が〜することを可能にする」と教わりますが、「S によって 人 が〜できる」と意訳できるのです。

The Internet enables people to get a lot of information.
　　　S　　　　　V　　　　人　　　to 〜
S によって　　　　　　　人 は　〜する
「ネットによって、人々は、たくさんの情報を得る（ことができる）」

※「〜することができる」というニュアンスは enable が持つものです。

▷ 知らない動詞が出てきても困らない！

　SV 人 to 〜 を「S によって 人 は〜する」と考える発想を逆手にとると、長文を読んでいるときに**知らない動詞が SV 人 to 〜 の形になって**

いれば、英文の意味が予想できてしまうのです。

　たとえば、Your words caused him to change his mind. という英文で、動詞 cause を知らないものとして意味を考えてみてください。

Your words caused <u>him</u> <u>to change</u> his mind.
　　S　　　　V　　　　人　to 〜
　Sによって　　　　　　人は 〜する
「君の言葉によって、彼は、気持ちが変わった」

cause 人 to 〜 は「人 が〜することを引き起こす」と訳されるのが普通ですが、このように考えることができるのです。

▷ help の語法

　help は特殊な動詞で、本来は庶民出身なので help 人 to 原形 の形ですが、じわじわとセレブ階級（原形をとれる）にも出入りできるようになり、**help 人 原形 の形でも使われる**ようになりました。to を省略することができるという、超特殊な動詞なのです。

> **LINE helps people stay in touch with each other.**
> ライン（LINE）は人々が連絡を取り合うのに役立つ。
> ※ stay は to stay でも OK／stay in touch with 〜「〜と連絡を取り続ける」

▶ まとめ　help の語法

```
(1) 直後に 人 がくる
　　① help 人 {to} 原形 「人 が〜するのを手伝う」　※ to は省略可
　　② help 人 with 〜「人 の〜を手伝う」
　　　　×）help my homework　　◎）help me with my homework
(2) 直後に to がくる　help {to} 原形 「〜するのに役立つ」　※ to は省略可
(3) 熟語　help yourself to 物 「物 を自由に食べる（飲む）」
```

(1) 空所に適するものを選びましょう。

たばこは体に、利益より害を与える。

Smoking ( ) us more harm than good.

① does 　　② bad

(2) 適切な順番に並び替えてください。

私は父がカフェで雑誌を読んでいるのを見た。

I [reading / my father / at the café / a magazine / saw].

(3) 空所に適するものを選びましょう。

温かいお風呂に入ると、よく眠れるよ。

Taking a warm bath helps you ( ) better.

① sleep 　　② sleeping

解答

(1) ①
解説：Smoking が S、空所に V が入ると考えます。空所直後に名詞が２つ（us と more harm）が続いていることに注目して、① does を選べば OK です。第４文型で、do 人 物 「人 に 物 を与える」の形になります。

(2) I [saw my father reading a magazine at the café].
解説：知覚動詞の saw に注目して、see O C 「O が C するのを見る」の形にします。O を my father、C を reading 〜 とすれば OK です。

(3) ①
解説：空所前の helps に注目します。help 人 {to} 原形 「人 が〜するのを手伝う」の形を考えて、原形の① sleep を選べば OK です。直訳「温かいお風呂に入ることは、あなたがよく眠るのを手伝う（よく眠るのに役立つ）」です。

7

文型

(1) 空所に適するものを選びなさい。

You really look (　　) today.

① happy 　　　② to happy 　　　③ at happy 　　　④ be happy

（札幌大学）

(2) 以下の日本文の意味になるように、英文の（　　）内に適切な語（1 語）を入れなさい。

It only (　　) ten minutes to walk there.

そこまで歩いて 10 分しかかかりません。

（鹿児島大学）

(3) 空所に適するものを選びなさい。

I had my wallet (　　) on the way to the university.

① steal 　　　② stole 　　　③ stolen 　　　④ stealing

（亜細亜大学）

(4) その奨学金のおかげで、春香はアメリカに留学することができた。
【不要語 1 語あり】

[to / in / the scholarship / thanks / Haruka / the U.S. / go to college / allowed]

（中央大学）

(1) ①

解説：空所直前の look に注目して、第 2 文型（SVC）を考えます。C には形容詞の① happy を選べば OK です。You really look happy で、you = happy の関係になります。look は look at 〜「〜を見る」の形でも使われますが、前置詞 at の後ろには「名詞」がくるので、③ at happy はアウトです。

和訳：君は今日本当に幸せそうだね。

(2) **takes**

解説：takes を入れて、It takes 時間 to 〜「〜するのに 時間 がかかる」の形にします。take 人 時間 「人 は 時間 がかかる」の 人 が省略されたものです（一般論の場合は 人 がよく省略されます）。ちなみに、It が仮主語で、to walk there が真主語です。

(3) ③

解説：空所前の had に注目して、第 5 文型（SVOC）を予想します。my wallet が O、空所に C が入り、「財布が 盗まれる」という受動関係が適切なので、p.p. の③ stolen が正解です。

和訳：大学への通学中、私は財布を盗まれた。

(4) **[The scholarship allowed Haruka to go to college in the U.S.]** 不要語：thanks

解説：allow 人 to 〜「人 が〜することを許可する」の形で、直訳「S は 人 が〜することを許可する」→「S によって（S のおかげで）人 は〜できる」と考えてください。

※ thanks が不要語です。日本文「〜のおかげで」から、thanks to 〜「〜のおかげで」という表現を連想させて迷わせているわけです。

現在形

イントロダクション

時制は用語が難しい

文法書で最初のほうに出てくる「時制」という単元は、いきなりわかりにくい・見慣れない言葉が連発します。たとえば「不変の真理には現在形を使う」「確定した未来には現在形を使うが、近い未来には現在進行形が使える」などで、ここでいきなり挫折してしまう高校生が多いのです。

この本では、今までの説明の仕方でよくないと考える部分を大胆に直して、さらには高校英語で大事、かつ大学入試で問われる「現在形・現在進行形」と「完了形」に話を絞って、しっかりと理解していきます（完了形は次の テーマ 9 で）。

中学英語との違い

中学英語では「動詞の変化そのもの」が重視されるので、「不規則に変化する過去形を覚える」とか、「副詞で時制を判断する（たとえば yesterday があるから過去形にする）」といった、暗記と単純な発想で解けるのですが、高校英語では「時制の概念」をしっかり理解しているかが問われます。といっても難しくはないのですが、今まで習ったことを新たに捉え直す必要があるので、一度頭をまっさらにして読み進めてください。

> **核心** 「現在形」は「現在・過去・未来形」、「進行形」は「途中」

現在形の考え方

▷ 現在形は「現在・過去・未来形」と捉え直す

　現在形は「昨日のことも今日のことも明日のことも表す」と考えてください。「過去〜現在〜未来のどこにでも起こること」を、英文法の世界では「現在形」という用語を使っているだけで、もはや「現在・過去・未来形」と呼んだほうがいいと思います。

> I watch anime a lot.
> 私はアニメをよく見ます。

　watch は「現在形」なので、これは「私は昨日も今日も明日もアニメを見ますよ」ということです。

▷ どんな用法も「現在・過去・未来形」で解決する

　「現在形の用法」として、「習慣・不変の真理・確定した未来」という普段使わないような用語で説明されるのですが、どれも「現在形 = 現在・過去・未来形」で解決できます。

　たとえば「現在形は習慣を表す」という用法の例として、I go to school. がありますが、この英文の本質は「昨日も今日も明日も学校へ行く」です。ですからこの英文は学生（もしくは教員）しか使えません。訳は「私は学校へ行く」でもいいのですが、「私は学生です」と考えると完璧です。

　また、「現在形は不変の真理を表す」として、The sun rises in the east. という文もありますが、これも同様に「太陽は（昨日も今日も明日も）東から昇る」ということです。

I go to school. の場合、学校に行かない日もありますが、太陽の場合は休むことなどありません。しかし英文法の世界ではその程度のことにはこだわらず、どちらの場合でも「現在形」を使えるわけです。

また、「現在形は確定した未来を表す」と説明されることもあります。しかしそもそも「確定した未来」が一体何なのかハッキリしません。何をもってどの程度なら確定なのか、これだけではわかりませんよね。

The train arrives at 10. なら、現在形の核心から「その電車は（昨日も今日も明日も）10時に着く」とわかります。つまり「現在・過去・未来に繰り返し行われる行為」を「確定した未来」と言っているわけです。

▷ 会話の決まり文句（What do you do?）を文法で解明する

What do you do?「お仕事は何をしていますか？」という決まり文句があり、入試でも問われます（日常会話でも大事です）。この表現を丸暗記する人が大半なのですが、ここで時制に注目してみてください。What do you do? は「現在形」です（もし過去形なら What did you 〜? になる）。よって、「あなたは昨日も今日も明日も何をするの？」→「普段、何をするの？」→「お仕事は何を？／ご職業は？」となるのです。

> A：**What do you do?**
> B：**I go to school.**
> A：お仕事は何を？
> B：学生です。
> ※「昨日も今日も明日も学校へ行く」（I'm a student. という返答でも OK）

時・条件を表す副詞節内での「現在形の特別用法」

▷ 時・条件を表す副詞節中では未来のことでも現在形

このルールは入試頻出ですが、苦手な人がすごく多いので、3つのポイントからじっくり解説していきます。

現在形が特別に使われる重要ルール

「時・条件を表す副詞節の中では未来のことでも現在形を使う」
　　　①　　　　　　②　　　　　　　　　　　　　　③

① 時・条件を表す副詞節とは?

　when（時）・if（条件）などの従属接続詞は、If sv, SV. の形で、**If sv が副詞節**になります（58 ページ）。

② 時・条件を表す副詞節の「中だけ」が特殊

　時・条件を表す**副詞節の中の動詞だけが「たとえ未来のことでも現在形になる」**のです。副詞節の外（主節のこと）にこのルールは適用されません。未来のことなら、普通に未来を表す形（will など)を使います。

③「未来のこと」→「現在形で代用する」という感覚

　「未来（これからのこと）」を伝えるときに、**未来の形が使えず、仕方なく「現在形を使おう」**というのがこのルールです。ちなみに、未来完了形（will have p.p.）を使う場面なら現在完了形（have p.p.）で代用します（未来完了は次の テーマ 9 で扱うので今はスルーして OK）。

> **My dad will take me to the aquarium tomorrow if I finish my homework today.**
> もし今日、宿題を終えれば、明日、お父さんが水族館に連れていってくれるんだ。

　「終わる」のは未来（これから）の動作ですが、if がつくる副詞節の中なので「現在形（finish）」が使われています。ちなみに主節は「未来のことはそのまま未来」なので will take です。

> **I have to go as soon as the bell rings.**
> チャイムが鳴ったらすぐに行かないと。

8

現在形

この文では接続詞 as soon as が使われています。その副詞節の中では現在形 rings ですね。また、副詞節の外では have to が使われています。will だけではなく、助動詞（もしくは助動詞相当表現）はすべて未来を表すことができます。must・have to は「（これから）～しなければならない」ということですよね。

◇ 名詞節のときは普通に考える

このルールは、あくまで「副詞節」の話であって、「副詞節以外（名詞節・形容詞節）」では**未来のことは普通に「未来を表す形」**を使います。

> **I don't know if he will go to Italy next month.**
> 来月に彼がイタリアに行くのかどうか、私にはわからない。

他動詞の後には名詞がくるはずです。ここでは**他動詞 know の後にくる if は名詞節「～かどうか」**と判断できます。（副詞節ではないので）未来のことは素直に未来の形（will go）になっています。

この区別が必要なのは if と when だけです。" 他動詞 + when・if ～" の形に注意すればいいのです。さらにこのパターンをとる動詞で入試に問われるのは know・wonder が多いです。

補足 **when が副詞節・名詞節になるとき**

① 従属接続詞「～するとき」 ※ When sv, SV. の形で副詞節をつくる
② 疑問詞「いつ」 ※ "when sv" で名詞節をつくる（「間接疑問文」になる）

※名詞節をつくる when は従属接続詞ではなく、「疑問詞」です。

進行形の考え方

≫ 進行形の核心は「途中」

　進行形は中学レベルであれば単に「〜している」と訳すだけで十分なのですが、そのまま高校レベルに入ってしまうと、色々な用法や例外を丸暗記することになります。そこでみなさんは、今まで習ったことを少し修正してください。進行形は「〜している」ではなく、**「〜している途中」**だと考えてほしいのです。

> **I am doing my homework.**
> 私は宿題をしているところです（している途中です）。

　「どっちも変わんないじゃん」と思うかもしれません。正直、こういう簡単な文では、いちいち「途中」と考える必要がないのですが、この発想がこの後で役立ちます。

≫ 進行形にできない動詞（状態動詞）

　動詞は意味によって「動作動詞（進行形にできる動詞)」と「状態動詞（進行形にできない動詞)」の2種類に分けることができます。
　「進行形にできない動詞（live など)」を以下に一部だけ示すので軽く眺めてください。

進行形にできない「状態動詞」の例

> ① 所属・構成など：belong to「属している・〜のもの」／resemble「似ている」／have「持っている」／consist of「構成されている」／contain「含んでいる」
> ② 知覚・心理など：hear「聞こえる」／see「見える」／smell「においがする」／taste「味がする」／like「好む」／want「望む」／know「知っている」／believe「信じている」／think「考えている」

▷「途中」から生み出された「5秒ルール」

「5秒ごとに中断・再開できない動詞は進行形にできない！」 というルールを1つ覚えるだけで、進行形にできない動詞は対処できます。know や like は中断・再開できませんが、それは5秒ごとに「記憶を消したり戻したり／好きになったり嫌いになったり」をコントロールできる人間などいないから、と考えれば OK です。×）be knowing／be liking という形はありえないのです。大学入試レベルの resemble「似ている」も同様です。5秒ごとに「似なくなって、また似てくる」というのは無理なので、×）be resembling の形では使いません。これを意識しながら、先ほどの「進行形にできない動詞の例」に戻って、今みたいに「5秒ごとに中断・再開できないじゃん！」とひとつずつツッコミを入れながらチェックすると、英語の感覚が頭に染み込んでいきますよ。

補足 **なぜこのルールができあがったのか？**

　進行形は「途中」がポイントなので、「途中で中断・再開できる動詞は進行形にできる」という特徴があります。run「走る」は5秒ごとに中断・再開できますし、study なんて中断と再開の連続ですよね。だから、I'm studying English.「僕は英語を勉強している（途中だ）」という進行形は OK なのです。

　これを逆手にとれば、「途中という概念に合わない、つまり中断・再開できない動詞は進行形にできない」というルールができあがるわけです。
※これが通用しないのは、rain・snow・die くらいですが、It is raining.「雨が降っている（途中だ）」などは知っているでしょうから、困らないでしょう。die は、be dying「死にかけている（死に向かっている途中）」という意味です。

▷ 例外と言われる "have" を検証してみる

　特殊なパターンとして「have は進行形にできないけど、『食べる・飲む』の意味なら進行形にできる」というものがあります。中学のときは暗記したかもしれませんが、これも5秒ルールで解決できます。

「妹が３人います」　×）I am having three sisters.

◎）I have three sisters.

例外：◎）She is having lunch.**「彼女は昼食の途中です」**

have は「持っている」という意味では中断・再開できないので進行形にできません。しかし「食べる・飲む」の意味なら中断・再開は簡単ですよね。

▷「予定」を表す進行形

「現在進行形は近い未来の予定を表すことができる」という用法がありますが、この説明では「近い未来」がどれくらいのことなのかハッキリしませんよね。

※若いみなさんにとって「５年後」は「遠い未来」でしょうが、僕には「近い未来」です。

これも「途中」から考えていくことができます。「〜している途中なので、すでに何かしら手をつけている」ときのことを表すのです。

> **The couple are marrying next month.**
> その２人は来月結婚する予定です。

結婚式自体は来月でも、２人は何かしらの準備はしている（式場予約・ドレス決定・招待状送付など）、つまり「結婚の途中」と言えるのです。このように**「何かしら着手して“進行している”とき」に進行形で未来の予定を表せる**のです。

言ってみれば「スケジュールとして手帳やスマホに書き込む予定」に進行形を使います。これが「近い未来」という言葉の正体です。１年先でも（結婚式なら）進行形が使えますし、たとえ明日でも（何も着手していなければ）進行形は使えません。

(1) 日本語に訳してください。

What do you do?

(2) 空所に適するものを選びましょう。

終わったら電話するね。

I'll call you when (　　) done.

① I'll be　　　② I'm

(3) 空所に適するものを選びましょう。

彼はアボカドが好きです。

He (　　) avocados.

① likes　　　② is liking

解答

(1) お仕事は何をしていますか？

解説：What <u>do</u> you do? は「現在形」なので、「あなたは昨日も今日も明日も何をするの？」→「普段、何するの？」→「お仕事は何を？／ご職業は？」となります。

(2) ②

解説：「終わる」のは未来（これから）の動作ですが、when がつくる副詞節の中なので「現在形（am）」で代用します。be done「終える」という表現です。ちなみに、主節は「未来のことはそのまま未来の形」なので will call ですね。

(3) ①

解説：like は「5秒ごとに中断・再開できない動詞」→「進行形にできない動詞」なので、① likes を選びます。5秒ごとに「好きになったり嫌いになったり」をコントロールすることはできませんね。

空所に適するものを選びなさい。

(1)

A：What (　) you do?

B：I'm a chef at the City Plaza Hotel.

① job　　　② do　　　③ work　　　④ are

（麻布大学）

(2)

We will have indoor activities if it (　) tomorrow.

① will rain　　　② rains　　　③ rained　　　④ has rained

（国士舘大学）

(3)

I had a fight with Jun and now we (　) to each other.

① aren't speaking　　　② aren't spoken

③ aren't to speak　　　④ weren't speaking

（慶応大学）

(4)

Robert (　) his father in appearance but not in character.

① is being resembled　　　② is resembled

③ is resembling　　　④ resembles

（佛教大学）

8

現
在
形

解答

(1) ②

解説：② do を選んで、What do you do?「お仕事は何をしていますか？／ご職業は？」とします。Bの「シェフをしている」という返答にもつながりますね。ちなみに、What do you do <u>for fun</u>? なら、直訳「あなたは、昨日も今日も明日も、<u>楽しみを求めて</u>（for fun）何をしますか？」→「趣味は何？」を表します。

和訳：A：お仕事は何をされているんですか？

　　　　B：シティプラザホテルでシェフをしています。

(2) ②

解説：空所前の if は副詞節をつくっています。「明日」のことですが、「時・条件を表す副詞節の中では未来のことでも現在形を使う」というルールから、現在形② rains が正解です。ちなみに、主節は「未来のことはそのまま未来の形」なので will have ですね。

和訳：明日雨が降れば、室内活動にします。

(3) ①

解説：空所前の now に注目です。現在進行形の① aren't speaking が正解です。ちなみに speak は自動詞で "speak to 人" などの形で使います。

和訳：ジュンと喧嘩して、今はお互い口をきいてないんだ。

(4) ④

解説：resemble は「5秒ごとに中断・再開できない動詞」→「進行形にできない動詞」なので、現在形④ resembles を選びます。5秒ごとに「似なくなって、また似てくる」ことは不可能なので、×）be resembling の形は基本的にアウトです。

和訳：ロバートは父に容姿の面では似ているが、性格の面では似ていない。

完了形

イントロダクション

現在完了形が一番大事

中学で現在完了形を習い、高校で過去完了形と未来完了形を習うので、過去完了形や未来完了形のほうが難しいと思われがちですが、考え方の基本は現在完了形に集約されます。これをきちんと理解できれば、過去完了形・未来完了形は一瞬で理解できます。最初の現在完了形の「イメージ」をしっかり理解するようにしてください。

中学英語との違い

中学の定期テストでは for や since を見たときに「継続用法」とみなして、have + p.p. を「ずっと〜している」と訳すだけで点がもらえたと思います（もしかしたら高校のテストでも同じかも）。

高校範囲、そして大学受験では「現在完了形・過去完了形・未来完了形の区別」が問われるので、訳語を当てはめることより、この完了形という概念がしっかりわかっているかが問われます。解説で紹介する「矢印のイメージ」を意識すれば簡単なので、訳語・用法よりもまずは「矢印」を優先させていきましょう。

核心　完了形は「矢印」で考える！

現在完了形（have + p.p.）のイメージ

▷ 現在までの「矢印」を表す

現在完了形（have + p.p.）は、「過去～現在」をつないだ以下のような「矢印」を考えてください。

※ p.p. とは past participle（過去分詞）の頭文字です。普段から「過去分詞」と書くより、p.p. と書くほうがラクですよ。

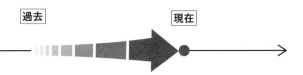

過去＋現在＝have＋p.p.

ポイントは過去から始まる矢印の重点は「現在」にあることです。上の図で、過去の部分（矢印の尾っぽ部分）は曖昧でもいいのですが、現在の部分（矢印の先）が大事で、**現在完了形はあくまで「現在に重点がある」**イメージです。

▷ 現在完了形の3用法

この矢印を厳密に説明すると、「継続／完了・結果／経験」に分かれます。訳し方にとらわれるのではなく、どの用法であれ、この矢印の範囲内で起きることなんだと意識しながらチェックしていきましょう。

☑ **継続「ずっと～している」：過去に始まり、今現在も継続している**

I have lived in Nagano for twenty years.
私は20年間長野に住んでいます。

継続用法でよく使われる語句

> for「～の間」／since「～以来ずっと」／in the last[past] ○ years「こ
> こ○年間で」／How long「どのくらい」

☑ **完了・結果「～したところだ」：過去に始まり、今現在ちょうど完了した**

I have just seen your e-mail.

私はちょうどあなたからのメールを見たところです。

完了・結果用法でよく使われる語句

> just「ちょうど」／already「すでに」／yet（否定文で）「まだ」・（疑問文
> で）「もう」

☑ **経験「～したことがある」：過去に経験、今は「経験値」を持っている**

Robert has visited my house a few times.

ロバートは数回、僕の家に来たことがあります。

経験用法でよく使われる語句

> before「以前」／once「１回」／twice「２回」／～ times「～回」／
> How many times・How often「何回」／ever「今までに」／never「一
> 度も～ない」

　「継続」と「完了・結果」は、矢印が表すゾーンそのものという感じが
しますが、「経験」だけわかりにくいかもしれません。経験自体は「過去
のこと」なのですが、英語の世界では「過去にした経験を今現在まで持
ち続けている／経験値として持っている」という発想になるのです。

※「過去の経験が今の俺をつくる」という、なんかカッコいい感じなんです。

9

完了形

過去完了形（had + p.p.）のイメージ

▷ 現在完了を「カット＆ペースト」するだけ

　「現在完了形の矢印」を過去に向けて「カット＆ペースト」すれば、過去完了形（had + p.p.）ができあがります。

　ペーストする（貼り付ける）ときは**矢印の先端を「過去の一点」にくっつける**のがポイントです。現在完了形は**現在が基準（現在までの矢印）**でしたが、過去完了形は**過去のある一点が基準（過去までの矢印）**です。これを言い換えれば「過去完了形とは過去のある一点までの継続／完了・結果／経験を表す」ということです。では矢印のゾーンを意識しながら英文で各用法を確認していきましょう。

☑ 継続「(過去の一点まで) ずっと〜していた」

I had lived in Tokushima for two years before I moved to Kagawa.

香川に引っ越した時点で、2年間徳島に住んでいました。／徳島に2年間住んでから、香川に引っ越しました。

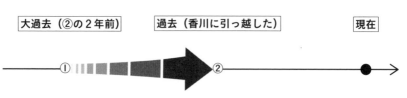

※①の地点を「大過去」と呼びます（過去のさらに過去のこと）。大過去といっても「すごく昔」のことではなく、「過去の②の時点よりもさらに過去」ということです。

　過去完了形 had lived は①〜②のゾーンを表します。「②の時点（香川に引っ越してきた過去の一点）までの継続」を表すわけです。

☑ 完了・結果「(過去の一点までに) ちょうど〜したところだ・その結果…だ」
> When I arrived at the airport, she had left for Sapporo.
> 私が空港に着いたとき、彼女は札幌に向けて出発していた。

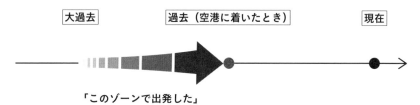

| 大過去 | 過去（空港に着いたとき） | 現在 |

「このゾーンで出発した」

　過去の一点（空港到着時）までのどこかで「彼女の出発が完了した」ということです。

☑ 経験「(過去の一点までに) 〜した経験がある (その時点で経験を持っている)」
> Until she came to Sapporo, she had never seen snow.
> 札幌に来るまで、彼女は雪を見たことがなかった。

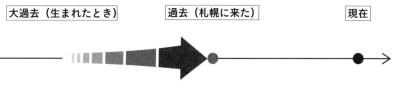

| 大過去（生まれたとき） | 過去（札幌に来た） | 現在 |

「このゾーンでの経験」の話

　生まれたときから過去の一点（札幌に来たとき）までの「経験」を表

しています。

未来完了形（will have p.p.）

▷ 未来完了形も「現在完了形のカット＆ペースト」でOK

未来完了形（will have p.p.）は、現在完了形（過去から現在までの矢印）を「未来へ向けてカット＆ペーストする」だけです。

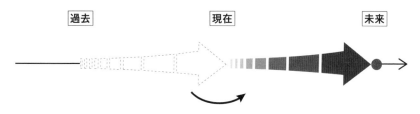

現在完了形は「現在までの矢印」、過去完了形は「過去のある一点までの矢印」、**未来完了形は「未来のある一点までの矢印」**となります。すでに完了形の感覚は掴めているでしょうが、また矢印を意識しながら各用法を確認して、完了形を完璧にしていきましょう。

☑ 継続「(未来の一時点まで) ずっと〜しているでしょう」

I will have lived in Amsterdam for three years next month.
来月でアムステルダムに3年間住んでいることになる。

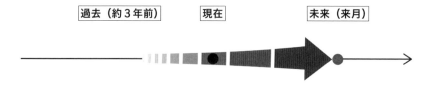

「このゾーンでずっと住んでいる」

☑ 完了・結果「(未来の一時点で) ちょうど〜したところでしょう」

I will have finished dinner by 10.

| 10 時までには夕食を終えてしまっているよ。

「未来の一点（10 時）までには夕食を終える行為が完了する」だろうと伝えています。矢印ゾーンのどこかで夕食を終えて、10 時までには完了するということです。

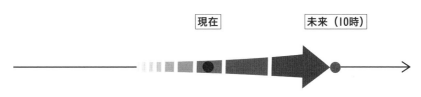

| 現在 | 未来（10時） |

「このゾーンで食事が終わる」

☑ **経験「（未来の一時点までに）〜する経験があるでしょう（その時点で経験を持っている）」**

| If I see the movie one more time, I will have seen it five times.
もう 1 回その映画を観れば、5 回観たことになる。

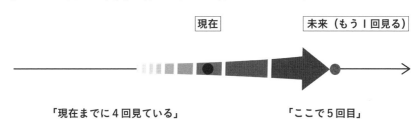

| 現在 | 未来（もう I 回見る） |

「現在までに 4 回見ている」　　　　　「ここで 5 回目」

「未来の一時点（5 回目を見るとき）までのトータルの経験」を表します。

（▶）**まとめ　完了形のイメージ**

| had p.p. ゾーン | have p.p. ゾーン | will have p.p. ゾーン |

| 大過去 | 過去 | 現在 | 未来 |

現在完了進行形（have been -ing）

≫ 現在完了進行形は「ずっと〜している」感が強まる

　現在完了進行形は、文字通り「現在完了 + 進行形」のことで「ずっと〜している」という **「現在完了形の"継続"の意味が強まる」用法**です。

> Masato has been playing the piano since this morning.
> マサトは今朝からずっとピアノを弾き続けている。

　「現在完了形（継続）」と「現在完了進行形」の区別は非常に曖昧で、この違いが入試で問われることはないので安心してください。もちろん、「状態動詞（進行形にできない動詞）」は have + p.p. の形になります。

≫ 過去完了進行形と未来完了進行形もカット＆ペーストで解決

　現在完了形をカット＆ペーストして過去完了形・未来完了形をつくったのと同じ発想で、**現在完了進行形を過去にカット＆ペースト→過去完了進行形（had been -ing）**になります。

> I had been reading for three hours when my mother entered my room.
> 母が部屋に入ってきたとき、私は3時間読書をしていた。／3時間読書をしていて、母が部屋に入ってきた。

　同じように、**現在完了進行形を未来にカット＆ペースト→未来完了進行形（will have been -ing）**になります。

> By next April he will have been learning the piano for five years.
> 今度の4月で、彼は5年間ピアノを習っていることになる。

現在完了形を使った慣用表現

(1) 時間の経過 「〜してから年月が経った」

① 年月 have passed since sv（過去形）※ since sv の v は「過去形」
② It has been 年月 since sv（過去形）
③ It is 年月 since sv（過去形）

> Two years have passed since we graduated.
> ＝ It has been two years since we graduated.
> ＝ It is two years since we graduated.
> 卒業してから、もう2年が経ったんだね。

「過去から現在まで経過した時間」を表す表現は、まさに現在完了形の感覚とピッタリです。ここでは3つの言い方がありますが、①と②を混ぜて、×）It has passed というミスが多いので注意してください。「It が過ぎる」わけがなく、「年月 が過ぎる（pass）」わけです。

②は since があるので現在完了形（has been）という原則通りの形ですが、③はもっと簡略化されて、単に It is という言い方になりました。

(2) have been to 〜 と have gone to 〜

have been to 〜	【完了】〜へ行ってきたところだ
	【経験】〜へ行ったことがある
have gone to 〜	【結果】〜へ行ってしまった（もうここにいない）

have been to 〜 には2つの意味がありますが、どちらも「今はここ（主語がいる場所）にいる」という共通点があります（be 動詞が「いる」の意味になっています）。

9

完了形

Have you ever been to Korea?
韓国に行ったことある？

I have just been to the library.
ちょうど図書館に行ってきたところなんだ。

go は「離れていく」感覚なので、「行った結果、ここにはいない」ことを表します。

She has gone to China.
彼女は中国に行ってしまったんだ。　※「ここにはいない」

CHECK　　　　　入 試 問 題 に 向 け て

(1) 彼は前にその映画を見たことがあったので、私と一緒に映画に行きたがらなかった。

He didn't want to go to the movies with me because he (　　) the film before.

① saw　　② had seen

(2) 来月末で、私はここに5年間いることになる。

By the end of next month I (　　) here for five years.

① will be　　② will have been

(3) 私はマーライオンを一度も見たことがない。

I have (　　) seen Merlion.

① never　　② already

(1) ②

解説：「彼は私と一緒に行きたがらなかった」という過去の一点までに、「その映画を見たことがあった」という経験を表しています。よって、過去完了形（had p.p.）の② had seen が正解です。

(2) ②

解説：By the end of next month「来月末までに」という未来の一点まで「私はここに 5 年間いる」という継続を表しているため、未来完了形の② will have been が正解です。

(3) ①

解説：「一度も～ない」という否定を表すのは、① never です。I have never seen ～「～を一度も見たことがない」となります。

9

完了形

空所に適するものを選びなさい。

(1)

Hiroko (　　) here for five years before she moved.

① had lived　　② has lived　　③ lives　　④ has been living

（芝浦工業大学）

(2)

By the time you get to the theater, the concert (　　).

① finishes　　② has finished

③ will finish　　④ will have finished

（鹿児島大学）

(3)

Kevin has been working at this company (　　) he came to Japan in 1980.

① before　　② from　　③ since　　④ when

（日本大学）

(4)

Have you (　　) been to the United States?

① yet　　② ever　　③ still　　④ once

（九州国際大学）

(1) ①

解説：文末の before she moved に注目します。「引っ越した」という過去の一点までに「ここに 5 年間住んでいた」という継続を表すと考え、過去完了形の ① had lived を選べば OK です。

和訳：ヒロコは引っ越すまでに、ここに 5 年間住んでいた。／ヒロコはここに 5 年間住んで、それから引っ越しした。

(2) ④

解説：文頭の By the time you get to the theater「あなたが劇場に着くまでには」に注目します。「劇場に着く」という未来の一点までに「コンサートが終わっている」という完了を表すと考え、未来完了形の ④ will have finished を選べば OK です。文全体は By the time sv, SV.「sv するまでには SV だ」の形で、by the time がつくる副詞節中では「時・条件を表す副詞節の中では未来のことでも現在形を使う」というルール（102 ページ）より、現在形 get が使われています。

和訳：君が劇場に着くころには、コンサートは終わっているよ。

(3) ③

解説：空所前は現在完了進行形（have been -ing）で、「ずっとこの会社で働いている」という継続を表しています。空所後は「起点（〜以来）」を表すと考え、③ since を選べば OK です。since 〜「〜以来ずっと」は完了形の継続用法と相性の良い単語です。

和訳：ケビンは 1980 年に来日してからずっとこの会社で働いている。

(4) ②

解説：② ever「今までに」を選び、Have you ever been to 〜?「今までに〜へ行ったことがありますか？」とします（have been to 〜「〜へ行ったことがある」）。よく使われる表現なので、Have you ever been to 〜? を何度も口ずさんでおきましょう。

和訳：今までにアメリカに行ったことがありますか？

9

完了形

イントロダクション

仮定法の目印は何？

すでに仮定法を習っている受験生に「仮定法の目印は何？」と質問すると、みんな同じ答えが返ってきます。みなさんの答えは何ですか？

※もちろん初めて仮定法を習う人はこの質問はスルーで。

質問の答えには、ほぼ間違いなく"if"と返ってきます。でもこれはとんでもない勘違いなんです。確かに最初は「仮定法の公式」でif が出てくるのですが、レベルが上がると入試では「if がない仮定法」が当然のように出てきます。

ではそれが何なのかはすぐに解説していきますが、まず今は「仮定法には if が必要／if を見たら仮定法だと考える」というのが、とんでもない誤解だということだけ、しっかり頭に入れておいてください。

中学英語との違い

2021 年から中学の教科書にも仮定法が（ほんの一部）入りましたが、いくつかある公式の一部や慣用表現を扱うだけです。高校英語では扱う内容が増えるので、丸暗記では対応しきれなくなります。公式の「形」と「意味」を 1 つずつしっかり「理解」していく必要があります。

仮定法に入る前に

≫ 仮定法 vs. 直説法

　仮定法は妄想の世界（ありえないことを語る世界）を伝えたいときに**使う**ものです。当然、今まで学んできたことは、妄想ではない現実の世界（ありえることを語る世界）の話がメインでした。その現実の世界のことを語る文を「直説法」といいます。「ありえることを直に説く」言い方です。これは難しく聞こえるかもしれませんが、要するに「普通の文」です。This is a pen. も、I play soccer. もすべて直説法です。

文法用語の確認

仮定法：妄想の世界を語るときに使う	※特殊な文法を使う
直説法：現実の世界を語るときに使う	※今までやってきた文法

　では以下の文は、仮定法でしょうか、直説法でしょうか？

> **If it rains tomorrow, the game will be cancelled.**
> 明日雨が降れば、試合は中止になるだろうね。

　イントロで触れた通り「仮定法の目印は if ではない！」のです。
　実は**仮定法の目印は「助動詞の過去形」**です。つまり「仮定法なのにif がない」ことや「if があっても仮定法にならない（直説法）」ことが頻繁にあるのです。
※中学では仮定法の前に「接続詞 if」を習っていますが、それは仮定法ではないわけです。

　この英文には助動詞の過去形はありませんね（助動詞 will ならありま

すが過去形ではない）。したがって仮定法ではないのです。単なる直説法の文であり、つまりは「ありえる」ことを語っているわけです。「明日、雨が降る」ことは十分にありえるし、「雨が降った場合、試合が中止になる」ということが現実に起こりえることを伝える文です。

※これは「時・条件を表す副詞節の中では未来のことでも現在形」の文です（102ページ）。

　これから学んでいく「仮定法の公式」にはifが使われていますが、応用になるとifは消えます。そうなったときに**仮定法を見抜くポイントは「助動詞の過去形があるかどうか？」**なのです。ここを意識するかどうかが、仮定法をマスターできるかどうかの分かれ道になるのです。

仮定法過去

≫ 妄想を語るために「公式」が必要

　普段、日本語で妄想を語るときに、特殊な文法を使うことはありません。妄想なのか本気なのかは、空気を読む必要があります。

　ところが英語の場合、妄想を語るときはきちんと「これは妄想なんです！」と言わんばかりにハッキリと示す約束があります。その示し方の代表格が「仮定法の公式」です。

仮定法過去の公式　　※「現在」の妄想／見た目には「過去形」を使う

> If s 過去形 , S would 原形　「もし（今）～ならば…だろうに」
>
> 　　　　　　　　　　　※ would 以外に could・might・should でも可

　if節の中で「過去形」を使うので「仮定法過去」という名前がつけられています。しかし内容（伝えたいこと）は「現在の妄想」です。つまり**「見た目は過去／中身は現在」**ということに注意してください。

※よく「これが混乱するんだ！」と英語の先生は言いますが、別に難しくないですよね。「見た目は子ども、中身は大人」と言われて混乱することなどないでしょう。

> If I lived in Tokyo, I would go to Akihabara every weekend.
> もし東京に住んでいたら、毎週末、秋葉原に行くんだけどなあ。

　この英文は仮定法の公式通りになっていることから、妄想であること
をハッキリと伝えているのです。ここでポイントとなるのが、「助動詞の
過去形（would など）」です。今は公式を確認しているので if がメインに
見えてしまうのですが、仮定法の目印は「助動詞の過去形」ということ
が、ものすごく大事なんです。

※「助動詞の過去形」は何でも OK ですが、would と could の２つが大半を占めます。

▷ be 動詞は常に were を使う

　仮定法過去の公式では、if 節の主語が何であっても（I や it でも）be
動詞には were を使うのが原則です。特に、**If I were you「もし僕が君
なら」**は、アドバイスをするときに頻繁に使われます。

> If I were you, I would ask him for help.
> もし私があなた（の立場）だったら、彼に助けを求めるけどね。

仮定法過去完了

▷ 過去の妄想に使う公式

仮定法過去完了の公式　　※「過去」の妄想／見た目には「過去完了形」を使う

If s had p.p. , S would have p.p. 「もし〜だったら…だったろうに」
※ would 以外に could・might・should でも可

「過去の妄想（あのとき〜だったら）」にはこの公式を使います。if 節の
中で「過去完了形（had p.p.）」を使うので、「**仮定法過去完了**」という
名前がつけられています。内容（伝えたいこと）は「過去の妄想」です。
つまり**「見た目は過去完了／中身は過去」**です。

　先ほどの仮定法過去と比べてみると、動詞が過去に向かって一段階、

10

仮定法

平行移動しています。

仮定法過去　　　If s 過去形 , S would 原形

仮定法過去完了　If s had p.p. , S would have p.p.

> If I had arrived at the station three minutes earlier, I could have caught the train.
> 駅にあと3分早く着いていれば、その電車に乗れたのに。

　この英文は妄想です。実際には「駅に遅れて着いたので電車に乗れなかった」ということです。

ミックス仮定法（仮定法過去完了 + 仮定法過去）

　2つの公式が混ざったものもあります。**仮定法過去（現在の妄想）**と**仮定法過去完了（過去の妄想）**が混ざって、**「あのとき〜だったら、今ごろは…だろうに」**となります（日本語の会話でもよく使う表現ですね）。

ミックス仮定法の公式

仮定法過去　　　~~If s 過去形~~, S would 原形
　　　　　　　　　　　　　　＋
仮定法過去完了　If s had p.p., ~~S would have p.p.~~
　　　　　　　　　　　　　　↓
　　　　If s had p.p., S would 原形
　　　「もし（あのとき）〜だったら、（今は）…だろうに」
　　　　　（仮定法過去完了）　　　　（仮定法過去）

　　　　　　　　　　　※ would 以外に could・might・should でも可

> If she had won the election, she would be the president now.
> もし彼女が選挙に勝っていれば、彼女は今頃、大統領だろうに。

「未来」の仮定法の公式（should・were to ～ を使った仮定法）

▷「これからのこと」を妄想するための公式

現在の妄想（仮定法過去）と過去の妄想（仮定法過去完了）以外に、「未来の妄想」もあり、この場合は should や were to ～ を使います（未来の妄想だけは 2 種類の公式があります）。

未来の仮定法の公式

① **If s should** 原形 **, S would** 原形／命令文など
　「もし（万一）～なら、…だろうに」
② **If s were to** 原形 **, S would** 原形
　「(あくまで仮の話で)～なら、…だろうに」
　　　　　　　　　　　※ would 以外に could・might・should でも可

▷ should を使った仮定法

「万一あるかも。でも基本的にはありえない」ときに使います。if 節中に should を使う仮定法では（あくまで仮定法なので）主節に「助動詞の過去形」がくるのが原則ですが、実際には色々な形が許されます。should は「万一」と訳されることが多く、（仮定法とはいえ）実現可能性がわずかにある以上、**純粋な仮定法の目印「助動詞の過去形」が使われなくても OK** なのです。

If s should 原形 **, S would** 原形／命令文／直説法（たとえば **will**）など色々な形がくる
「もし（万一）～なら、…だろうに／…しなさい」
※主節は would・could・might・should で OK ですが、if 節は should だけです。

ここで「面倒だぞ」と不安になった人は、次の例文の "If s should 原形，命令文（don't 〜 も含む）" だけ覚えれば OK です。入試問題では「主節に命令文がくるパターン」がほとんどだからです。

> **If you should need my help, please call me.**
> 万一、私の助けが必要なら、電話してね。
> ※主節は命令文（please 〜）

　ちなみに should を使った公式では、仮定法の黄金ルール「仮定法には助動詞の過去形が必要」がついに崩れます。上の文では命令文（助動詞の過去形がない）ですよね。その意味でも should を使った公式には注意が必要です。

※「should があるじゃん」と思った人もいるかもしれませんが、should は if 節の中にあるだけです。「主節に助動詞の過去形」というルール自体は崩れていますね。

≫ were to 〜 を使った仮定法

　should を使った仮定法では「万一」など細かいことを考えましたが、**were to 〜 の場合は完全に妄想の世界の話で、「（実現可能性に関係なく）あくまで仮の話で」**という意味で使います。

> **If s were to 原形，S would 原形**
> 「（あくまで仮の話で）〜なら、…だろうに」
> ※ would 以外に could・might・should でも可

> **If Mike were to learn Japanese, his life would be much easier.**
> もしマイクが日本語を学んだら、彼の生活はもっとずっと楽になるだろうに。

　この文では「マイクが日本語を学ぶこと」は現実に起きる・起きないということを問題にしていません。「そんなことはどうでもいいんだけ

ど、もし仮にマイクが日本語を学べば」ということなんです。

それよりも大事なことは「形」です。were to ~ は「完全妄想」なので、仮定法の原則通り、主節には助動詞の過去形がきます。

▶ **まとめ　仮定法の公式一覧**

(1) 仮定法過去　　※「現在」の妄想／過去形を使う

> If s 過去形 , S would 原形
> 「もし（今）〜ならば…だろうに」

※主節の助動詞の過去形は would 以外に could・might・should でも可（以下同）

(2) 仮定法過去完了　　※「過去」の妄想／過去完了形を使う

> If s had + p.p. , S would have p.p.
> 「もし（あのとき）〜ならば…だったろうに」

(3) ミックス仮定法　　※仮定法過去完了＋仮定法過去

> If s had + p.p. , S would 原形
> 「もし（あのとき）〜ならば、（今）…だろうに」

(4) 未来の仮定法（その１）　　※「未来」の妄想／基本ありえない（万一ありえる）

> If s should 原形 , 命令文／S will 原形／S would 原形など
> 「もし（万一）〜ならば、…だろうに／…しなさい」

(5) 未来の仮定法（その２）　　※「未来」の妄想／実現可能性に関係なく語る

> If s were to 原形 , S would 原形
> 「（ありえる・ありえない関係なく）もし（これから）〜ならば…だろうに」

if の省略による「倒置」

≫ if ナシ仮定法

仮定法の if は省略可能で、その省略の目印として「倒置」が起きます。ここでの倒置は（動詞が前に出るだけの）疑問文の語順になることです。

※倒置になっても英文の「意味」は変わりません。

「if 省略」で起きる倒置のプロセス（仮定法過去と仮定法過去完了）

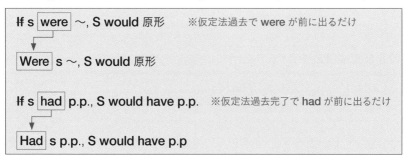

Had I arrived at the station three minutes earlier, I could have caught the train.

駅にあと 3 分早く着いていれば、その電車に乗れたのに。

「if 省略」で起きる倒置のプロセス（未来の仮定法）

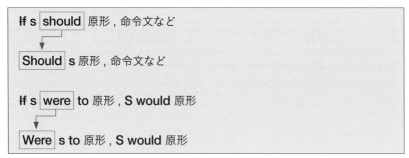

> **Should you need my help, please call me.**
> 万一、私の助けが必要なら、電話してね。

if の省略による「倒置」のまとめ

> | | |
> |---|---|
> | ルール | ：仮定法の **if** を省略 → 省略の目印として「倒置（疑問文の語順）」が起きる |
> | 倒置の形 | ：動詞が前に出るだけで、**Were／Had／Should** のみが可能 |
> | 意味 | ：倒置になっても英文の「意味」は変わらない |

> **Haruna would have come had she been invited.**
> ハルナはもし招待されたら来ただろう。

　応用として、倒置した副詞節が "後ろ" にくるパターンも知っておくと完璧です。had she been invited の部分は、if she had been invited ということです。このように後ろに置かれたときは「コンマがなくてもOK」です（were・had・should の前にコンマを入れても入れなくてもOK）。ネイティブからしたら had などから倒置が起きているのは一目瞭然なので、コンマを打つほうが余計に感じられるのです。

「if 節がない」仮定法

≫ 公式だけでは仮定法を制覇できない

　「if ナシ仮定法」の例として、すでに「if 省略による倒置」を解説しました。ここでは他のパターンも見ていきましょう。

「if 節ナシ仮定法」を見つける手順

> ① まずは、助動詞の過去形（特に **would・could**）に反応
> ② 仮定法を予想
> ③ **if** 節の代用表現を探す

助動詞の過去形に反応して「もしかしたら仮定法では？」と目星をつけた後は「if 節の代用表現」を探します。代用表現とは以下のように if 節が簡略化されるイメージです。

if 節の代用表現のパターン

(If sv), S would 原形	※ If sv というキッチリした形が…
↓	↓
(Without 〜), S would 原形	※軽い「副詞句」になる
(To 〜), S would 原形	
(副詞), S would 原形	
(Otherwise), S would 原形	※最後は Otherwise という副詞 1 語に

　4 つのパターンがありますが、この中で圧倒的に出題率が高いのが、without と otherwise です。

> **Without you, my life would be boring.**
> 君がいない僕の人生は退屈だろう。

　この文では最初に Without が出てくるので、この Without を見たときに「もしかしたら」と思いつつ、would を見たときに「やっぱり仮定法だ！」と確信するわけです。
※ without を見た時点で仮定法だと「断定」してはいけません。

> **I was very tired. Otherwise, I would have gone to the movies with you last night.**
> 私はとても疲れていた。そうでなければ、昨夜は君と一緒に映画に行ったのに。

　otherwise は訳語「そうでなければ」だけを覚える人が大半ですが、みなさんは「if 節の代わりになる」ということを意識してくださいね。

また、この英文のように、普通の文（直説法）の後に otherwise を置いてから仮定法に入ることが多いです（otherwise から仮定法モードに入るイメージ）。

仮定法の慣用表現

≫ without のバリエーション

without ～「～がなければ」のバリエーション

> ① **if it were not for** ～「今～がなければ」　　※仮定法過去
> ② **if it had not been for** ～「あのとき～がなかったら」　※仮定法過去完了
> ③ **but for** ～　　※仮定法過去か仮定法過去完了かは主節の動詞で判断する

> If it had not been for your advice, I wouldn't have known what to do.
> 君のアドバイスがなかったら、何をしたらいいかわからなかったよ。

≫ It is time s 過去形

相手に促す表現

> **It is time s** 過去形 「もう sv する時間だ」
> ※ time の前に、about「そろそろ」や、high「とっくに」がつくことが多い

> It's time we went to bed.
> もう私たちは寝る時間だよ。

≫ I wish ～「～ならなぁ」

I wish の「後ろの形」

① I wish s 過去形 「今～ならなぁ」　　※主節 wish と「同時制」の妄想
② I wish s had p.p. 「あのとき～だったらなぁ」
※主節 wish より「1つ前の時制」の妄想

> **I wish I were a bird.**
> 鳥だったらなぁ。
> ※「願う」と「鳥になる」が同時制 → 過去形 were

> **I wish you had asked me about that earlier.**
> それに関しては、もっと早く聞いてくれたらよかったのに。
> ※「願う」のは今、「聞く」のは過去 → had p.p.

≫ I wish の後には「if 節の中身」がくる

　すでに「if 節が消えるパターン」を解説しました。それとは逆に、I wish は「消える if 節の内容を表現したいとき」に使います。**wish の後に if の中身だけがくる**感覚です。

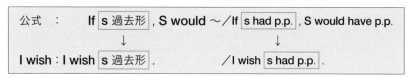

公式 ：　If s 過去形 , S would ～ ／If s had p.p. , S would have p.p.
　　　　　　　　　↓　　　　　　　　　　　　　　　↓
I wish : I wish s 過去形 .　　　　 ／I wish s had p.p. .

※ if 節の中身だけを言うことで、ロマンチックに響いたり、残念な気持ちが強調されたりします。

　「if の中身だけがくる→助動詞の過去形は必要ない」ことがポイントです。助動詞の過去形が必要なのは「主節」であって、本来「if 節には不要」でしたよね。昔からの問題集では I wish の後の時制ばかりが強調されますが、「I wish の後には if の中身がくる」という発想こそが大事なのです。

① 未来の仮定法で **should** を使うとき　　② **I wish** のとき

※この場合のみ、特別に「仮定法なのに助動詞の過去形がなくても **OK**（別にあって
も **OK**）」

CHECK　　　　　　　入 試 問 題 に 向 け て

空所に適するものを選びましょう。

(1) もし彼女の電話番号を知っていれば、電話するのになあ。

If I (　　) her telephone number, I would call her.

① knew　　② had known

(2) もし宝くじが当たっていたら、父は新車を買っていただろう。

If my father had won the lottery, he (　　) a new car.

① bought　　② would have bought

(3) あなたの助けがなければ、高校を卒業できなかっただろう。

Without your help, I (　　) finished high school.

① would　　② could never have

(1) ①

解説：主節の would に注目です。「今知っていれば、～するのになあ」という現在の妄想なので、仮定法過去の公式 "If s 過去形 , S would 原形 ." にします。

(2) ②

解説：if 節の had won に注目です。「もし当たっていたら、～していただろう」という過去の妄想なので、仮定法過去完了の公式 "If s had p.p. , S would have p.p." にします。

(3) ②

解説：Without ～「～がなければ」に注目して、仮定法を予想します。日本文「高校を卒業できなかっただろう」に合うように、仮定法過去完了の② could never have を選べば OK です。今回は would の代わりに could が使われ、could have p.p. の形です。

(1) [   ] を並べ替え適切な文にしなさい。

If [money / had / buy / I / a / would / car / I].

（青山学院大学）

(2) 空所に適するものを選びなさい。

(   ) you have any questions, please do not hesitate to contact us.

（ご不明な点などございましたら、どうぞお気軽にご連絡ください。）

① Will   ② Would   ③ Shall   ④ Should

（成城大学）

(3) 空所に適するものを選びなさい。

We started immediately after breakfast; (   ) we would have missed the train.

① therefore   ② though   ③ however   ④ otherwise

（東京電気大学）

(4) 次の２つの英文がほぼ同じ意味になるように、空所に入る最も適切なものを①〜④の中から１つ選びなさい。

But for his earnest support, this project could not have been completed.

(   ) it not been for his earnest support, this project could not have been completed.

① Had   ② If   ③ Without   ④ Unless

（中央大学）

(1) If [I had money I would buy a car].

解説：文頭 If と語群 would に注目して「仮定法」を予想します。仮定法過去の公式 "If s 過去形 , S would 原形 ." の形にすれば OK です。

和訳：お金があれば車を買うのに。

(2) ④

解説：後半が命令文（please 〜）になっています。未来を表す仮定法の公式 "If s should 原形 , 命令文 ." の倒置を考え、④ Should を選べば OK です。"Should s 原形 , 命令文 ." の形になります。今回の Should you have any questions, please 〜.「ご不明な点などございましたら、〜してください」は非常によく使われる表現です。

(3) ④

解説：「朝食後すぐに出発した」→「そうでなければ（= 朝食後すぐに出発しなければ）、電車を逃しただろう」という流れを考え、④ otherwise「そうでなければ」を選びます。SV; otherwise S would have p.p.「SV だ。もしそうでなければ〜だっただろうに」です（前半は「直説法」、後半は「仮定法過去完了」）。

和訳：私たちは朝食を食べてすぐに出発した。そうでなければ、電車を逃してしまっただろう。

(4) ①

解説：1 つ目の英文は But for 〜「〜がなければ」を使った仮定法過去完了です。But for 〜 と ( ) it not been for 〜 が同じ意味になると考えます。① Had を選び、Had it not been for 〜「あのとき〜がなかったら」とすれば OK です。If it had not been for 〜 から if が省略され、倒置が起きた形です。

和訳：彼の熱心なサポートがなければ、この計画は完遂できなかったかもしれない。

助動詞

イントロダクション

「予想」の意味に注意

どの助動詞でも注意が必要なのが「予想」の意味です。たとえば can の場合、最初は「できる」しか習わないので、いつの間にか " can = できる " が頭に焼きついてしまうのです。

だからこそ、can「ありえる」や should「はずだ」のように、助動詞には必ず「予想」の意味があることを特に意識しておきましょう。

※文法書では「予想」を、「推量」や「推定」などと細かく分けるのが普通ですが、この本では「予想」としてまとめます（これで一切困りません）。

中学英語との違い

中学までは、can は「できる」、may には2つの意味があるけど、とりあえず「してよろしい・かもしれない」という2つの訳語を覚えて……くらいで対処できたと思います。

高校レベルでは「予想」の意味をしっかり覚えること、そしてただ訳語を覚えるだけではなく、それが意味するところを正確に理解する必要があります。たとえば may がどれくらい「してよろしい」のか、どれくらい「かもしれない」のか、といったことがわからないと英文の意味を把握できませんよね。

高校英語での助動詞はかなりやっかいな単元ですが、どこをどう理解すれば入試で得点になるのかを明確に解説していきます。

> **核心** 訳語を丸暗記せず、will「100%必ず」、may「50%半々」などの核心を掴む

---

will

≫ will はパワー全開

will は中学で「～でしょう・するつもり」と習い、高校英語では以下のように4つの意味を習うのが普通です。

will の意味　**核心** 100%必ず～する

① 意志「～するつもり」　② 予想「～するはず・きっと～だろう」
③ 習慣・習性「～する習慣・習性がある」
④ 拒絶「(否定文で) 絶対に～しない」

しかし訳語をただ暗記するのではなく、**will の核心「100%必ず～する」**という発想を知ってください。上のすべての意味の根底には、この力強いイメージがあることを確認していきましょう。

①意志「～するつもり」

I will call you again this evening.
今夜、またあなたに電話するつもりです。

②予想「～するはず・きっと～だろう」

The train will be crowded tonight.
今夜は電車が混むはず。

「必ず～するはず」と言いたいときに使えます。場合によっては多少トーン(確信度)を落として「～するはず」→「～するでしょう」と訳す

ときもありますが、実際には（この日本語訳から受ける印象ほど）弱い
ものではありません。

③習慣・習性「〜する習慣・習性がある」

Avocados will ripen more quickly if you put them in a paper
bag with a banana.
アボカドは、バナナと一緒に紙袋に入れておくと早く熟します。
※ ripen「熟す」

こういった文でも、いちいち「この will の用法は……」なんて考えず
に、「必ず〜する」という発想で解決するわけです。

④拒絶「（否定文で）絶対に〜しない」

The door won't open.
どうしてもドアが開かない。

このように、will は「100％必ず〜する」をスタートに考えていってく
ださい。仮に細かい用法を忘れても、とりあえず「必ず〜する」（否定文
なら「絶対に〜しない」）と訳せばいいのです。

▷ 会話で使われる Will you 〜？

Will you 〜? には文字通り「〜するつもり？」という意味もあります
が、会話特有の決まり文句として、**依頼「〜してくれる？」**の意味でよ
く使われます。Will you 〜?「〜するつもり？」→「（そのつもりなら）
〜してくれる？」となりました。

Will you give this book to your teacher? － Sure.
この本を先生に渡してくれる？ － わかった。

may

▷ may は「50%」

may は「〜してよろしい・かもしれない」と訳されますが、この訳語を暗記しても、どれくらいの「よろしい」なのか、どれくらいの「かも」なのかわかりません。日本語の「かも」は1%のときでも99%のときでも使えます。たとえば「宝くじ当たるかも」は1%で、明らかに調子が悪いときに「熱かも」と使えます。

英語の may は**「50%半々」という感覚**です。オススメ度50%なら「〜してもよい（しなくてもよい）」という意味になり、予想50%なら「〜かもしれない（そうじゃないかもしれない）」となります。

もちろん言葉としての目安なので、50%ジャストである必要はありません（60%でも、数字で言えなくても OK）。でも目安として「50%半々」だと理解しておくと、英文のニュアンスをリアルに理解できます。

may の意味　　　核心　**50%半々**

> ① 許可「〜してもよい」　　※オススメ度「50%」
> ② 予想「〜かもしれない」　※予想「50%」

①許可「〜してもよい」　　※オススメ度「50%」

You may take this book home if you want.
もしよろしければ、この本を持って帰ってもいいですよ。

オススメ度が「50%」なので、「持ち帰ってもいいし、別に持ち帰らなくてもいいよ」ということなのです。

②予想「〜かもしれない」　　※予想「50%」

It may be true, but we will never know the truth.
それは本当かもしれませんが、真実は知るよしもないのです。

▷ 会話で多用される May I ～?

May I ～?「～してよろしいですか?」の形で、許可を求める表現です。

May I ask you a question? ― Sure.
質問をしてもよろしいでしょうか? ― もちろんです。

must

▷ must は「それしかないでしょ!」

must の意味　　**核心**▷ **それしかないでしょ!**

> ① 義務「～しなければならない」　　※「そうするしかないでしょ!」
> ② 予想「～に違いない・きっと～だ」　　※「そう考えるしかないでしょ!」

①**義務「～しなければならない」**　　※「それするしかないでしょ!」

You must brush your teeth before you go to bed.
寝る前に歯磨きをしないといけません。

「寝る前は歯を磨くしかないでしょ!」→「歯を磨かなければならない」という感じです。

②**予想「～に違いない・きっと～だ」**　　※「そう考えるしかないでしょ!」

This box must be empty.
この箱はきっと空っぽだ。

周りの状況などから「もう、どう見てもその箱は空だと考えるしかないでしょ!」→「きっと空っぽだ」ということです。

11

助動詞

⧩ must not は「禁止」を表す

You must not play games until you finish your homework.
宿題が終わるまでゲームをしてはいけません。

---

have to 〜

⧩ must 同様、2つの意味がある

have to の意味　　**核心** **must と同じ意味を2つ持つ**

> (1) 意味　① 義務「〜しなければならない」
> 　　　　　② 予想「〜に違いない・きっと〜だ」
> (2) 同意表現　**have got to**　　※ have to = have got to

①義務「〜しなければならない」

I have to go now.
もう行かなきゃ。

②予想「〜に違いない・きっと〜だ」

This has to be a mistake.
これはきっとミスに違いない。

⧩ have to の「過去・未来」と「否定文」

　過去形は had to「（過去に）〜しなければならなかった」で、未来のことには will have to「〜しなければならない（はずだ）」の形にします。

He had to stay home yesterday.
彼は昨日、家にいなければならなかった。

You will have to wait for 30 minutes.
30分待たなければならないだろう。

また、must と have to は肯定文での意味はそっくりですが、否定文では意味が大きくズレます。must not 〜 は「〜してはいけない（禁止）」ですが、**don't have to 〜 は「〜する必要がない（不必要）」**を表します。

> **You don't have to go to the doctor anymore.**
> あなたはもう病院（医者）に行かなくていいのよ。
> ※ not 〜 anymore「もはや〜でない」

can

≫「ありえる」の can に注意

can の意味　　核心 いつでも起こる

① 可能「〜できる」　　② 可能性「ありえる」

①可能「〜できる」

「できる」の意味はあまりにも有名ですが、一応、核心から考えると、「いつでも起こる」→「（やれと言われればいつでも）できる」ということなんです。

> **I can play the piano.**
> 私はピアノが弾けます。

この核心を知ることで、過去形 could が「（もしやろうと思えば）いつでもできた」という意味でしか使えないことにも納得がいきます。だから、「（ある場面で一度だけ）できた」というときに could は使えないのです。　　※詳しくは 152〜153 ページで

②可能性「ありえる」

「いつでも起こる」→「いつでも起こりえる」→「ありえる」となります。この「ありえる」の意味は、**否定文「ありえない・〜のはずがない」**でよく使われます。

> It can't be true.
> それは真実のはずがない。

この英文から true が省略されて、It can't be. でもよく使われます。

≫ 助動詞は「予想」系統の意味に注意

助動詞には必ず2つ以上の意味があります。どの意味になるかは、最終的には文脈で判断することになるのですが、**「助動詞の後に状態動詞（進行形にできない動詞）」がきたら、まずは「予想」系統の意味を考え**てみてください。状態動詞の代表格は be です。たとえば may be なら「かもしれない」、must be なら「違いない」、can't be なら「ありえない」です。これは100%ではありませんが、大半のケースでうまくいきます。

※ be 動詞にも「動作」の意味があるものの（I'll be back.「必ず戻るよ」の be は「移動する」という意味）、上記の判別法はかなり役立ちますよ。

≫ can のその他の意味

細かく分けると、can には「許可（〜してもよい）」などの意味もあるのですが、無理に覚えなくても、can「できる」の意味から対応できます。Can I 〜? なら、「私は〜できる？」→「（できるなら）〜してもいい？」や「（してもいいなら）〜しましょうか？」となるだけです。

> Can I see your camera?
> 君のカメラを見せてもらってもいいかな？

would

≫ 助動詞の過去形の注意点

助動詞の過去形はかなり厄介で、それぞれの意味を解説する前に大前提を2つチェックしてください。実は、この大前提をスルーしている高校生がほとんどなので助動詞の過去形を理解できなくなる、というのが現状なのです。

「助動詞の過去形」の大前提

(1)「過去の意味」になるとは限らない！

ここまで解説してきた助動詞の「予想」系統の意味は過去形になっても同じように使えます。つまり may「かもしれない」→ 過去形 might でも同じ意味、can「ありえる」→ 過去形 could でも同じ意味があるのです。

実はこの「過去形なのに過去を示さない」代表格が should です。should は shall の過去形だと説明されますが、実際に過去の意味で使われることはなく、ことごとく現在の意味でしか使われませんよね。

(2)助動詞の過去形を見たら、まずは「仮定法」を考える

すでに テーマ 10 で強調した通り、助動詞の過去形（特に would・could）を見たら、まず最初に考えるべきは「仮定法」です。その姿勢は当然変わらないので、この後に、would・could の色々な意味を確認しながらも、「実際の英文で最初に考えるのは仮定法なんだ」ということを忘れないでください。その上で、「仮定法ではない would・could」をチェックしていきましょう。

11

助動詞

≫ would の意味

would の意味　　核心　**必ず〜した**

（1）メインの用法（仮定法の影響を受けている）

　① 仮定法「〜だろうに」　　※「ありえないこと」に使う（125 ページ）

　② 遠回しの丁寧表現（**Would you** などの表現）

　　※「ありえそうなこと」に使う

　③ 予想・婉曲「〜だろう」　　※「ありえそうなこと」に使う

（2）過去形としての用法

　① 過去の習慣「よく〜したものだ」

　　※ would の後ろに often・sometimes がくる

　② 過去の拒絶「（否定文で）どうしても〜しようとしなかった」

　③ **will** の過去形　　※単なる「時制の一致」で使われる

（1）メインの用法

　②③は「仮定法の影響を受けている」用法で、would like to 〜「〜したいものだ」は、**would に「もしよろしければ（〜したいのですが）」という仮定のニュアンスが入る**ことで丁寧になっています。また、Would you 〜?「〜していただけませんか？」も丁寧にものを頼む表現です。

> **Would you show me around the office? — Sure. Follow me.**
> 私にオフィスを案内してもらえますか？ － いいよ。ついてきて。
> ※ show 人 around 〜「人に〜を案内する」

（2）過去形としての用法

　これは単純に will「100％必ず〜する」の過去形なので、**would を「100％必ず〜した」**と考えれば OK です。「習慣」「拒絶」などの用法をそのまま引き継ぎますが、結局は「100％必ず〜した」ということです。

> **We would often talk for hours on the phone.**
> 私たちは、昔はよく何時間も電話をしたものだ。

この英文から often をカットした We would talk 〜 は「必ずお喋りした」になりますが、実際に「365日必ずお喋りした」は非現実的なので、would の直後に often・sometimes などをくっつけて、100%から少し妥協した形で使われるようになりました。

※逆に言えば、would often や would sometimes の形を見たら「過去の習慣」と即断できます。

> **The door wouldn't open.**
> どうしてもドアは開かなかった。

　wouldn't は「過去の拒絶（どうしても〜しようとしなかった）」という用法です。

---

could

could の意味　　核心 もしかしたら can

（1）メインの用法
　① 仮定法「〜できたろうに」
　　※「ありえないこと」に使う（125ページ）
　② 遠回しの丁寧表現（**Could you** などの表現）
　　※「ありえそうなこと」に使う
　③ 予想・可能性「（ひょっとしたら）〜することがありえる」
　　※「ありえそうなこと」に使う
（2）過去形としての用法
　① **can** の過去形「〜できた」
　　※ **was[were] able to** 〜 との違いに注意
　② 時制の一致　　※単なる「時制の一致」として使われる

≫ could は「仮定法」と「予想」が2大用法

(1) メインの用法（「仮定法」と「予想」に注意）

Could you 〜? は仮定法「もし」のニュアンスが入り、「（もしよろしければ）〜してくださいませんか？」という丁寧な表現になります。

Could you turn on the light?
電気をつけていただけませんか。

また、**「予想」の could「（ひょっとしたら）〜することがありえる」** も大変重要です。could を見たら、まずは仮定法を考えますが、もし「ありえそうな内容」の場合、仮定法ではないので、そのときはこの「予想」を考えます。

It couldn't be true.
そんなことはありえない。　※ It can't be true. と同じ意味

(2) 過去形としての用法

could の「できた」という意味は有名ですが、使うときには注意が必要です。実は could が使われる場面は限られていて、**「もしやろうと思えばできた」という意味でしか使えない**のです。

※ can の核心「いつでも起こる」→ could「（もしやろうと思えば）いつでもできた」ということです。

My grandfather could run fast when he was young.
おじいちゃんは、若いときは速く走ることができたんだ。

これは「早く走ろうと思えば走れた」ということです。
一方、「（ある場面で一度だけ）できた！」というときに could は使えません。その場合、be able to 〜 を使います。

> I was able to go to Germany last year.
> 去年はドイツに行くことができました。

このように「やっとできた」のような文では could は使えません。少し難しいですが、英作文では知っておかないといけません。

might

might の意味　　核心　もしかしたら may

> (1) メインの用法
>   ① 控えめな **may**「(もしかしたら) ～かもしれない・～してもよい」
>   ※ありえることに使う
>   ② 仮定法「～だろうに」　　※ありえないことに使う（ テーマ 10 ）

▷ might = may と考える

「might は may の過去形」と習いますが、might が「～かもしれなかった」になることはないと考えて大丈夫です。また、仮定法などの用法もあるものの、might の大半（9割以上）が「may と同じ意味」で使われます。まずは **might = may** と考えてください。

厳密に言えば微妙な違いがあり、may に仮定法のニュアンス「もしかしたら」が加わったのが might なので、may の感覚（50%半々）ではちょっと強いかなと感じる場合（もう少し遠慮したいとき）に might が使われます。「(50%はいかないけど) もしかしたら・ひょっとしたら」というニュアンスが加わる感覚です。ただし、そこまで知っておく必要はありません。

> It might rain tomorrow.
> （もしかしたら）明日は雨かもしれない。

should

should の意味　　核心　本来ならば〜するのが当然

（1）メインの用法　　※「本来ならば・当然」というニュアンスが含まれる

①　義務・忠告「(当然)〜すべき」

②　予想「(当然)〜のはずだ」

（2）「仮定法」絡み

①　仮定法過去・仮定法過去完了「〜だろうに」

　　※「1人称」の主節で使う

②　未来の仮定法

　　※ if 節の中で使われる（If s should 原形 , SV.）（129 ページ）

③　仮定法現在

　　※「(提案・主張・要求などの) 命令系統の動詞」と使う

▷ should のメインの用法

　should は「本来ならば」という含みがあり、最初に習う「〜すべき」という意味は、「本来ならば〜するのが当然だ」ということです。また、助動詞なので予想系統の意味もあり、「本来ならば〜のはずだ」となります（should は強い意味なので、予想の度合いも強く、数字で言うなら 80〜90％の自信だと考えてください）。

You should eat breakfast.
朝ごはんは食べるべきだよ。

She should be home.
彼女は家にいるはずだ。

▷ 仮定法現在という用法（一般的な説明）

　should は（would や could のように）仮定法の主節で使われることはめったにありませんが、「未来の仮定法（If s should 〜）」の用法は重要

です（129 ページ）。

　また、ここではもう１つ重要な「③仮定法現在」についてじっくり解説していきます。この用法は昔から決まった教え方をされるので、まずはそれを確認してみましょう。ただしその教え方には変なところがあるので、その後に僕なりの解説をします。以前に習ったことがある人が混乱しないように整理するためのものなので、これは軽くチェックすれば十分です。

参考　**従来の説明**　※文法書や問題集では「仮定法現在」という項目

> 「提案・主張・要求・命令・決定」を表す動詞がきたら、その動詞の目的語になる that 節の中では "**should** 原形 " か **should** が省略されて " 原形 " がくる。

基本形　S |V| that s {should} |原形|

11

助動詞

> |V| にくる動詞
> 提案：**suggest**・**propose**「提案する」／**recommend**「勧める」
> 主張：**urge**「主張する」
> 要求：**request**・**require**・**demand**・**insist**「要求する」
> 命令：**order**「命じる」
> 決定：**decide**「決定する」

My father suggested that I should go to his parents' house.
父は、私が祖父母の家に行くように提案した。

　ここまでが一般的な説明です。しかしこの説明には２つの問題点があります。１つめは「提案・主張・要求・命令・決定」ということを丸暗記しないといけないことです。２つめは「should が省略される」というメチャクチャな説明です。みなさんが今まで英語を勉強してきた中で「助動詞が省略される」ことなんて一度もなかったはずです。そして今後

もありません。これは完全に間違いなのです。

▷ 仮定法現在は「命令系統の動詞」と考える

「提案・主張・要求・命令・決定を表す動詞」は、実はすべて「命令」の意味がベースになっているので、「命令系統の動詞」とだけ覚えれば十分なのです。その視点で、それぞれの動詞を見てみましょう。suggest「提案する」は「～したらいいよ」と「優しく命令している」と言えますし、「～するべきだ」という主張も実は「命令」ですね。「あなたは～することに決まりました」という決定にいたっては「度が過ぎた命令」です。

以上、どれも程度の問題であって、結局は「どの動詞も命令がベースになっている」ことを念頭に、もう一度、前ページの一覧表の動詞をチェックしてください。呪文のように「提案・主張・要求、あとは……」なんて覚える必要はないのです。

▷ should について

「should が省略される」のではなく、単に should を使う人（主にイギリス人）と（should を使わずに）いきなり原形を使う人（主にアメリカ人）がいるだけなのです。それぞれで発想が違うので、分けて解説していきます。

まず、そもそも命令系統の動詞の後にくる that 節は「命令内容」を表しますね。先ほどの英文（My father suggested that I should go to his parents' house.）でいえば、that I should go to his parents' house は命令の内容になります。

この命令内容は「まだ現実に起きていない」ことがポイントです（すでに「祖父母の家に行っている」なら命令はしませんよね）。**「現実には起きていないこと」なので仮定法の目印（ここでは should）が使われる**というだけなのです（だから文法書では「仮定法現在」という名前がつけられているわけです）。

ただしこの用法で使われるのは should だけです（would や could は不

可）。should だけは特殊な使い方があるのです（未来の仮定法でも should だけでしたね）。命令と should の「当然」のニュアンスの相性が良いのでしょう。

※ただ、これはあくまで仮定法の should なので、無理に「すべき」と訳す必要はありません。単なる目印の役割です。

≫ should を使わない「原形」について

「命令系統の動詞がきたら that 節の中も命令文にする」という、とてもシンプルな発想です。命令文には「動詞の原形」を使いますね。さすがに that 節の中なので主語は必要ですが、動詞自体は命令文と同じ（動詞の原形）です。先ほどの英文で、原形を使ってもいいのです。

> **My father suggested that I go to his parents' house.**
> 父は、私が祖父母の家に行くように提案した。

過去形 suggested の後なので、本当なら時制の一致で go は went になるはずですが、ここでは原形 go が使われるのです。

この現象を見た、おそらく昔の偉い先生が「should が省略されるのじゃ！」と、とんでもない説明を思いついて、それが広まったのではないかと思います（いい迷惑ですね）。

この解説を聞いて、「でも should の省略って考えたほうが、結局ラクじゃん？」と思う人もいるでしょう。でも、英語を勉強していくうえで「助動詞が省略される」なんてとんでもないことなんです。こういう都合の良いときだけ都合の良いルールをでっちあげてしまうと、英語の本質を見失い、将来、長文をたくさん読んでいくときに、「これ、何か省略かな？」という意味不明な疑問を持つようになってしまうのです（そんな受験生をたくさん見てきました）。みなさんは正しい英語の思考法を身につけていってほしいと思います。

11

助動詞

(1) どれも「命令する」が根底にある

(2) that 節には……

① should + 原形を使う

　　※起こっていないこと（反事実）には仮定法という発想

② 動詞の原形を使う　　※命令する内容には命令文がくるという発想

　　※入試では圧倒的に「原形」のほうが出題されます（97％以上）。

その他の助動詞／助動詞相当表現／慣用表現

▷ ought to

ought to の意味　　**核心** should と同じ

① 義務「〜すべき」　　② 予想「〜のはずだ」

　ought to = should と考えて OK です。2 つの意味があるのも同じです（もちろん ought to は「助動詞の過去形」ではないので、「仮定法」の用法はありません）。

We ought to clean up.
片付けをしたほうがいいね。

　ought to は否定文が入試で狙われます。ought not to 〜「〜すべきでない」という not の位置に注意してください。一見メチャクチャな形に見えますが、「not は to 不定詞の前に置く」という不定詞の原則通りなんです（180 ページ）。

You ought not to tell anyone our secret.
誰にも僕らの秘密を教えるべきではない。

強い意味を持つ had better

had better の意味

> **had better** 原形 「〜したほうがよい（じゃないと後で大変だよ）」

had better 〜 は「〜したほうがよい」と訳されるので、ソフトな感じだと誤解されますが、実は「じゃないと後で大変だよ・やらないとマズいぞ」という気持ちが隠れています。

また、had better の「形」も重要です。

> ① **had better** の直後 → 動詞の「原形」がくる
> ② 否定文で **not** の位置 → **had better not** 原形 「〜しないほうがよい」

> **You'd better not lie.**
> 嘘はつかないほうがいいぞ。
> ※「嘘をついたら大変だぞ」という感じ

ここでのポイントは not の位置ですが、You'd better という短縮形もよく使われるので、しっかりチェックしておいてください。

助動詞 need

need は2つの品詞（助動詞・一般動詞）があるので、使い方の違いに注意してください。助動詞でない need（つまり一般動詞の need）は、I need your help.「君の助けが必要だ」とか、You need to study harder.「もっと一生懸命勉強する必要がある」のように使われます。

助動詞との使い分けは**「助動詞 need は can と同じ使い方／一般動詞 need は want と同じ使い方」**と考えれば整理できます。

※同じなのは「使い方」であって、もちろん「意味」は違いますよ。

> **I don't need to save money for my trip to Paris.**
> パリ旅行のためにお金を貯める必要はありません。

これは一般動詞の need です。don't があること、need 直後の to があることから判断できます。

> **You need not go there.**
> そこへ行く必要はない。

これは助動詞 need で、直後に not がきています。can のように直後に not がくるわけです。

need の品詞と使い方

	助動詞 need	一般動詞 need
肯定文	肯定文では使えない（これは助動詞 need 特有の注意点） ×）S need 原形 .	直後に目的語がくる ◎）S need 名詞 ／ to 原形 など
否定文	S need not 原形 . 「〜する必要はない」	S don't need to 原形 . 「〜する必要はない」
疑問文	Need S 原形 ? 「〜する必要ある？」 ※あまり使われない。	Do S need to 原形 ? 「〜する必要ある？」
変化	変化なし （過去形は存在しない）	3単現の s（needs）・ 過去形（needed）

≫ used to 〜

used to 〜 には 2 つの意味があります。後ろの動詞（動作動詞・状態動詞）で判別します。

used to ～ の意味

> (1) 基本形：**used to** 原形　　※ used は「ユースト」[júːst] と発音
> (2) 2つの意味：
> ① 過去の習慣「よく～したものだ」　　※ used to + 動作動詞
> ② 過去の状態「昔は～であった」　　※ used to + 状態動詞

> He used to play basketball when he was in high school.
> 彼は高校生のとき、よくバスケをしていました。

> There used to be a nice café here.
> 以前はここに素敵なカフェがあったんだ。

　There is ～「～がある」に used to が割り込んだ形です。be「ある」は状態動詞なので、この used to は「過去の状態（昔は～であった）」の意味になります。「よく～したものだ」という訳を強引に使って、「カフェがあったものだ」という誤訳が目立ちます。なんとなく通じそうですが完全にアウトなので注意を。

▷ used to ～ と would の違い

　would にも、used to ～ と似た「過去の習慣（～したものだ）」という意味がありますが、使われる場面に違いがあり、それが入試でたまに問われます。would は単に、「過去に～したものだ」というだけに対して、used to ～ は「過去と現在を対比することができる」特徴があります。つまり **「昔はよくしたけど、今はしない」文に使える**のです。

> I used to cry a lot.
> 私は、昔は泣き虫でした。

　この文の後に「今は違う」と付け足してもいいのですが、この文だけでも「今はもう泣き虫ではない」ということがわかるのです。

11

助動詞

would vs. used to ～

	would	used to ～
過去の習慣 「よく～したものだ」	○（不規則な習慣）	○（規則的な習慣）
過去の状態「～だった」	×	○
過去と現在の「対比」	×	○

助動詞 have p.p. の基本

▷ 助動詞 have p.p. は 2 つのグループで考える

"助動詞 + have p.p." という形は「過去に意識が向いた表現」です。ただ、助動詞の後に過去形を置けないので、「それならせめて have + p.p. を置こう」と言わんばかりに生まれた形だと思ってください。

この "助動詞 + have p.p." には全部で 6 つの形があります。ただし、6 つの訳語を覚える前に、まずは 2 つのグループに分けて整理するといいでしょう。

予想
- ① may have p.p. 「～だったかもしれない」
  ※ ≒ might have p.p.
- ② must have p.p. 「～だったに違いない」
- ③ can't have p.p. 「～だったはずがない」
  ※ ≒ couldn't have p.p.

イヤミ
- ④ should have p.p. 「～すべきだったのに」
  ※「～したはずだ」もアリ（発展事項）
- ⑤ ought to have p.p. 「～すべきだったのに」
  ※「～したはずだ」もアリ（発展事項）
- ⑥ need not have p.p. 「～する必要はなかったのに」
  ※ほとんど使われない

まずは単純に「予想グループ（①②③）」と「イヤミグループ（④⑤⑥）」に分けてください。どちらのグループであれ「過去へ向いた気持ち」という点では同じで、**「過去への予想」**と**「過去への後悔・イヤミ」**となるのです。

※厳密に言えば、「予想」とは「これからのこと」なのですが、理解優先で「過去への予想」という言葉で説明します。

　また、細かいこともあるのですが、まずは5つの訳語だけをマスターしてください（これで入試問題の9割ほどが解けます）。

▷「過去への予想」グループ 「（過去に）〜だったと、（今）予想する」

　今現在の立場から「過去」のことを推測するときに使う形です。よくあるミスは、<u>must</u> have p.p. を「しなきゃいけなかった」とか、<u>can't</u> have p.p.「できなかった」と訳してしまうものです。この形はどれも「過去への予想」なので、ここで使われる助動詞（may・must・can't）はすべて「予想」系統の意味になることがポイントです。

> **She may know our secret.**
> 彼女は我々の秘密を知っているかもしれない。

　この形は単純に「今知っている」と、「今」予想しています。

> **She may have known our secret.**
> 彼女は我々の秘密を知っていたかもしれない。

　これは「過去に知っていた」と、「今」の立場で予想しているわけです。

> **She must have known our secret.**
> 彼女は我々の秘密を知っていたに違いない。

予想は「今（違いない）」で、予想内容が「過去（知っていた）」です。

She can't have known our secret.
彼女は我々の秘密を知っていたはずがない。

予想は「今（はずがない）」で、予想内容が「過去（知っていた）」です。

▷「過去への後悔（イヤミ）」グループ 「～したことに、（今）イヤミを言う」

普通は「過去への後悔を表す」と説明されるのですが、「イヤミ」と考えたほうがイメージが湧きやすいので、僕は授業でも本でもすべてこれで通しています。「～すべきだったのに（バカだなあ）」という感じです。

※もちろん必ずイヤミったらしくなるわけではなく、あくまでイメージです。

She should have asked for advice.
彼女はアドバイスを求めるべきだったのに。

should have p.p. と ought to have p.p. は同じと考えて OK です。また、この 2 つは否定文でもよく使われます。**should not have p.p.／ought not to have p.p.「～すべきじゃなかったのに」**となります。

※ ought not to ～ の形に注意（not は to 不定詞の直前に置く） 158 ページ

She ought not to have known our secret.
彼女は我々の秘密を知るべきじゃなかったのに。

need not have p.p.「～する必要はなかったのに」は頻繁に使われるものではないので、余裕があればチェックしておきましょう。

※問題集には必ず載っていますが、実は過去 20 年間の入試では、ほぼ出題されていません。

空所に適するものを選びましょう。

(1) 彼女は、私がすぐにチケットを購入するように薦めた。

She recommended that I (　　) a ticket right away.

① will buy　　② buy

(2) 彼は、よく毎晩テレビを見ていた。

He (　　) watch TV every night.

① used to　　② was used to

(3) もっと勉強すべきだったなあ。

I (　　) harder.

① should study　　② should have studied

(1) ②

解説：動詞 recommend「薦める」は「優しい命令」なので、仮定法現在 "S $\boxed{V}$ that s $\boxed{原形}$" の形にします（should buy があれば、これも正解）。

(2) ①

解説：used to $\boxed{原形}$「よく〜したものだ」の形にします。② was used to 〜 は、to の直後の形により、以下の 2 つの意味があります。

▶ まとめ　**used を使った表現**

① **used to** $\boxed{原形}$	「よく〜したものだ」「昔は〜だった」
② **be used to -ing**	「〜するのに慣れている」
	※ **to** は前置詞（203 ページ）
③ **be used to** $\boxed{原形}$	「〜するために使われる」
	※単なる受動態 + **to** 不定詞（副詞的用法「〜するために」）

(3) ②

解説：should have p.p.「〜すべきだったのに」の形です。

(1) 空所に適するものを選びなさい。

You (　　) go to university today because all the lectures are cancelled.

① don't have to　　② may　　③ ought to　　④ should

（東北学院大学）

(2) 2つの文がほぼ同じ意味になるように、空所に入る最も適切な語（句）を選びなさい。

"Why don't you visit the art museum after lunch?" I said to her.

I suggested that she (　　) the art museum after lunch.

① is visiting　　　　② will visit

③ will have visited　　④ visit

（駒澤大学）

11

助動詞

(3) 適切な文になるように並べ替えなさい。

幼い子どもは、一晩中起きていてはいけません。

Small children [not / all / had / up / better / stay] night.

（九州国際大学）

(4) 空所に適するものを選びなさい。

She (　　) have seen Henry in Osaka yesterday. He is still in England.

① cannot　　② may　　③ must　　④ will

（日本女子大学）

解答

(1) ①

解説：because 以下の「全部の講義が中止」から、前半は「大学に行く必要がない」という意味になると考えます。① don't have to ～「～する必要がない」が正解です。must not ～「～してはいけない」（禁止）と don't have to ～「～する必要がない」（不必要）をきちんと区別しておきましょう。

和訳：全部の講義が中止になったから、今日は大学に行く必要はないよ。

(2) ④

解説：空所前の suggested に注目します。仮定法現在の用法で、"S V that s 原形"の形にすればOKです。ちなみに、1つめの英文（上の英文）は Why don't you ～?「なぜあなたは～しないの？」→「～したらどう？」という提案表現です（281 ページ）。

和訳：私は彼女に「昼食後に美術館に行ったらどう？」と言った。
　　　私は彼女に昼食後美術館に行くよう提案した。

(3) **Small children [had better not stay up all] night.**

解説：日本文「～してはいけません」と語群 had・better に注目です。had better 原形「～したほうがよい」の否定文で、had better not 原形「～しないほうがよい・してはいけない」の形にします。その後は stay up all night「一晩中起きている・徹夜する」という表現です。

(4) ①

解説：2文目「彼はまだイングランドにいる」から、1文目は「昨日大阪で会ったはずがない」という意味になると予想します。① cannot を選んで、cannot have p.p.「～だったはずがない」とすればOKです。

和訳：彼女が昨日大阪でヘンリーに会ったはずがない。彼はまだイングランドにいるのだから。

テーマ

12 | 不定詞（1）

イントロダクション

不定詞は簡単なのに苦手な人が多い理由は？

不定詞は他の単元と違って、掘り下げて理解していくものではありません。
扱うことは多いのですが、実はどれも単純で、「広く浅い」単元なのです。
時制や助動詞に比べて簡単なのですが、実際には苦手だという高校生がた
くさんいます。その理由は……① 扱う範囲が「広い」、そして②「品詞」を
よく理解していない、ということが挙げられます。特に②を見落とす人が多
いのですが、不定詞で大事なことは、名詞・形容詞・副詞の区別なんです。
この区別が曖昧だと絶対に理解できないのです。
以上のように、原因がハッキリすれば対策を打てます。「次から次へとたく
さんあるんだな。でも深みがないから単純なことが続くんだな」と思って、
単純作業をこなしていくイメージです。難しいところがあっても次の項目に
なるとリセットされるのでご安心を。

中学英語との違い

扱う内容が多いのは中学範囲でも同じです。中学のときだけで「３用法・
仮主語・疑問詞＋to 不定詞・意味上の主語・tell 人 to 不定詞」などがあ
り、高校レベルでは「完了不定詞・be to 構文」などが入ってきます。
中学と高校のラインがハッキリしているのですが、不定詞は中学範囲も入
試によく出るので、そこからキッチリ解説していきます。

準動詞　169

品詞（名詞・形容詞・副詞）の役割を意識する

不定詞の基本3用法

≫ 超基本事項の確認（品詞の考え方／to 不定詞の形）

　日本語で、動詞「歌う」と名詞「歌うこと」は似て見えますが、「品詞」は違います。この違いは文になるとハッキリします。

述語には動詞　　◎）彼は上手に<u>歌う</u>。　　×）彼は上手に<u>歌うこと</u>。
目的語には名詞　×）彼は<u>歌う</u>を望む。　　◎）彼は<u>歌うこと</u>を望む。

　品詞が大事なのは英語も同じです。動詞 sing「歌う」が、to sing になると名詞「歌うこと」の働きを持ちます。このように動詞にくっついて "to ＋動詞の原形" の形になるものが「to 不定詞」です。実際には sing → to sing の形にすることで、3つの品詞（名詞・形容詞・副詞）に変えることができます。つまり、**to ＋原形が、名詞・形容詞・副詞の働きをする**のが不定詞の正体です。動詞の前に to がつくことで「品詞が変わる」という感覚です。そして、名詞の働きなら「名詞的用法」、形容詞の働きなら「形容詞的用法」、副詞の働きなら「副詞的用法」と呼ぶだけです。

to 不定詞の3用法　　※「日本語訳」より「働き」が大事！

	各品詞の働き	日本語訳
名詞的用法	名詞同様、S・O・C になる	「〜すること」
形容詞的用法	名詞を修飾する	「〜するための／〜すべき」 など
副詞的用法	名詞以外を修飾する	「〜するために／〜して」 など

また、to 不定詞と前置詞 to は別物です。「形」から判別してください。

to の判別：後ろに「原形」か「名詞」か？

① to 不定詞：to + 動詞の原形	例	He wants <u>to swim</u>.
② 前置詞 to：to + 名詞（代名詞・動名詞）	例	I go <u>to school</u>.

≫ 日本語訳から考えてはいけない！

やってはいけない：訳から判別してしまう

「〜すること」と訳す → 名詞的用法になる／「〜するための」と訳す → 形容詞的用法になる／「〜するために」と訳す → 副詞的用法になる

　日本語訳ありきで判別するクセがつくと、難しい単語があるだけで（訳せないので）判別できなくなりますし、訳して考える分だけ処理時間もかかります。何より、すでに日本語に訳せている（意味がわかっている）のに、その後に用法を考えるなんて無意味ですよね。

正しい思考：形から判別する

英文中での役割・品詞から → 各用法の意味を考える

　to 〜 が「名詞・形容詞・副詞どの働きなのか？」を最初に考えてから、それぞれの用法に沿った意味を当てはめるわけです。このように「文中での役割・形から考える」ほうが、速く正確です。たとえば To 〜で始まる文であれば、「To 〜 が主語になるかならないか？」で判断します。

文頭の To 〜 の判別

主語になる → 名詞的用法 →「〜すること」という意味になる
主語にならない → 副詞的用法 ⤳ 原則的に「〜するために（目的）」
　　　　　　　　　　　　　　　助動詞の過去形がある
　　　　　　　　　　　　　　　　　└→「もし〜すれば（仮定）」

> **To steal money is a crime.**
> お金を盗むことは犯罪です。

To steal money というカタマリは is の主語になります。「主語になる
→名詞の働き→名詞的用法→『〜すること』と訳す」という流れで判断
します。こうすることで、3 つの用法の訳し方を当てはめて、あれこれ
悩む時間をカットできます。

> **To steal money, he entered the room.**
> お金を盗むために、彼はその部屋に入った。

To steal money で文が始まりますが、その後に主語＋動詞（he entered）
があるので、To steal money は主語になれません。「主語にならない→余
分な要素→副詞的用法→『〜するために』と訳す」と判断します。
ちなみに To 〜 で始まる英文は名詞的用法が多いと思われがちです
（どの本でも例文でたくさん出てくるので）。しかし実際の英文（入試な
ど）では大半が副詞的用法です。もちろん今は判別の練習なので、決め
つけずに形から考えるわけですが、この「圧倒的に副詞的用法が多い」
という事実は知っておいてもいいでしょう。

名詞的用法

▷ "to＋原形" が名詞と同じ働きをする
"to＋原形" が名詞の働きをするときは「（不定詞の）名詞的用法」と
呼ばれます。名詞の働きは「S・O・C のどれかになる」ので、つまり
"to＋原形" が S や O や C になるわけですが、どれであれ名詞の働きに
は変わりないので、意味は名詞っぽく「〜する<u>こと</u>」となります。

(1) S になる

The game is fun for her. 「そのゲーム は彼女には楽しいものだ」

　　↓ 名詞 The game → 名詞的用法 To sing songs に置き換わる感覚

To sing songs is fun for her. 「歌を歌うこと は彼女には楽しいことだ」

※主語は To sing songs というカタマリなので、動詞は is です（直前の複数形 songs ではない）。

(2) O になる

He wants the book. 「彼は その本 を欲しがっている」

　　↓ 名詞 the book → 名詞的用法 to go shopping に換わる

He wants to go shopping. 「彼は 買い物に行くこと を望んでいる（行きたがっている）」

(3) C になる

My dream is a secret. 「僕の夢は秘密です」

　　↓ 名詞 a secret → 名詞的用法 to travel 〜 に換わる

My dream is to travel to Mars. 「僕の夢は 火星に旅行すること です」

▷「仮主語・形式主語」という考え方

It's difficult to wake up early.
早起きすることは難しい。

　この英文では、It が「仮主語」や「形式主語」と呼ばれます。

　上の英文はもともとは、To wake up early is difficult.「早起きすることは難しい」でしたが、英語は主語が長くなることを嫌うので後ろに回すことができます。そこでポッカリ空いた主語の部分を It で埋めるという発想です。

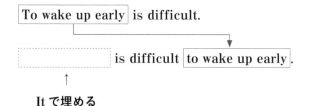

To wake up early is difficult.

　　　　　　　　　is difficult to wake up early .

↑

It で埋める

　この It は「仮に置くだけの主語」なので「仮主語・形式主語」と呼ばれるわけです（どちらでもいいのですが、本書では「仮主語」という用語を使います）。また、後ろ回しになった本当の主語（to ～）は「真主語」と呼ばれます。**仮主語は「暫定的に"主語の役目"を果たすだけ」なので、日本語訳はありません。**間違っても「それ」と訳さないでください。この文は元の文（To wake up early is difficult.）と同じ意味になります。

形容詞的用法

▷ 形容詞的用法は「後ろから名詞を修飾」

　「形容詞が名詞を修飾する」のと同じように、不定詞にも名詞を修飾する「（不定詞の）形容詞的用法」があります。日本語の場合は「前から修飾」ですが、**不定詞は「後ろから修飾」する**のがポイントです。

time to study
※後ろから修飾

「勉強する 時間」
※前から修飾

▷ 形容詞的用法は「ゆる～く訳す」

　形容詞的用法の訳語として「～するための・～すべき」と習います。確かにこれでうまくいくことが多いのですが、それは一例にすぎず、実際にはあまり日本語訳にこだわる必要はありません。あくまで**「後ろから名詞を修飾」してさえいれば、訳はある程度柔軟に（適当に）考えてOK**なんです。以下の例でも無理に「～するための」という訳を当ては

めないほうが自然になることを確認してください。

time to study English　　「英語を勉強する時間」
a lot of homework to do　　「やらなくちゃいけないたくさんの宿題」

≫ -thing の修飾（something to drink などの形）

　形容詞的用法で入試によく出るパターンの１つが、something to drink の形です。-thing で終わる単語を、to が後ろから修飾します。something to eat「何か食べる物」、have nothing to do「することが何もない」などがあります。

> **Would you like something to drink?**
> 何か飲み物はいかがですか？　　※ Would you like 〜?「〜はいかがですか？」

≫ 形容詞を伴うとき（something cold to drink などの形）

　-thing の直後に形容詞を置いて "something 形容詞 to do" の形もよく使われます。形容詞と to 〜 の両方が、something を後ろから修飾するわけです。

something 形容詞 to do

　たとえば、something cold to drink「何か冷たい飲み物」、something hot to eat「何か温かい食べ物」となります。

> **There's nothing hot to eat. There are only sandwiches.**
> 温かい食べ物は何もありません。サンドイッチしかないです。

▷ 特定の抽象名詞 + to ～ の形

　形容詞的用法がよく使われるパターンの１つに、「ある特定の抽象的な名詞」の後に to が続くものがあります。抽象名詞といっても time など簡単なものが多く、よく見かける例は time to study English「英語を勉強する時間」などです。

> **Masaki had no time to take a shower.**
> マサキはシャワーを浴びる時間がありませんでした。

to をよく伴う抽象名詞

> plan「計画」／need「必要性」／decision「決定」／ability「能力」／attempt「試み」／time「時間」／chance「機会」／way「方法」

副詞的用法の役割

▷ 目的「～するために」

　副詞のように「名詞以外を修飾する to ～」を副詞的用法と呼びます。

> **She went to Starbucks to study.**
> 彼女は勉強するためにスタバに行きました。

　この to study は went を修飾しています。「勉強するために」→「行った」ということで、名詞以外（ここでは動詞）を修飾しているわけです。

▷ 結果「～してその結果」

　to 不定詞が「～してその結果」という意味になるときは、大きく分けて２パターンあります。１つめは**「無意志動詞 + to は『結果』を表す」**というものです。無意志動詞とは自分の意志ではコントロールできない動作を表す動詞のことで、次のものが入試で狙われます。

「結果」で使われる無意志動詞

> live to 〜「〜するまで生きる」　※直訳「生きてその結果〜になる」
> grow up to 〜「成長して〜になる」　※直訳「成長してその結果〜になる」
> wake[awake] to 〜「目が覚めて〜する」
> ※直訳「目が覚めてその結果〜になる」

> He grew up to become a manga artist.
> 彼は（大きくなってから）マンガ家になった。

もう1つのパターンは以下のように熟語になっているものです。

「結果」用法の重要熟語

> SV only to 〜「SV だが、結局〜しただけ」
> SV never to 〜「SV して、二度と〜しない」
> ※ only to・never to の直前にコンマをつけることが多いものの、なくても OK

> I hurried to the airport only to find that the plane had already
> left.
> 私は空港へ急いだが、飛行機はすでに出発してしまっていた。

直訳は「私は空港へ急いだが、結局は飛行機がすでに出発したことが
わかっただけだった」です。

▷「感情の理由（〜が原因で・〜して）」を表す

感情表現（happy・glad・sad・sorry・surprised など）の後ろに
きた to 不定詞は「その感情の理由」を表します。「〜して（その感情に
なった）」という意味になります。

> I was happy to see my old friend again.
> 旧友と再会できて、私は嬉しかったです。

いきなり「嬉しかった」と言われたら、「なんで？」と理由が欲しいですよね。「まず感情を示す→その理由を to で付け足す」という流れです。

▷「限定（〜する点において）」を表す
　形容詞・副詞の後にきた to 〜 が**「〜するという点において」**と、範囲を限定する用法があります。ただし、これはもはや熟語になっていて、too ... to 〜／... enough to 〜 をチェックすれば OK です。

　The piano was too heavy to carry.
　そのピアノは重すぎて運べなかった。

　too ... to 〜「あまりに…なので〜できない」と習いますが、これは本来「運ぶという点において重すぎる」ということなんです。

　The piano was small enough to fit in my room.
　そのピアノは私の部屋に入るほど小さかったです（部屋に入る大きさでした）。

　enough to 〜 も「〜するのに十分」ということですが、本来は「部屋にフィットするという点において十分小さい」ということです。

不定詞の意味上の主語と否定形

▷ for 人 は「 人 にとって」ではなく「 人 が」と訳す！
　to 不定詞の動作を「誰がするのか」を示すときは "for 人 to 〜" の形にします。これは「（不定詞の）意味上の主語」と呼ばれます。

　It's normal for him to sleep 10 hours.
　彼が 10 時間寝るのは普通のことです。

"for 人" は主語の役目なので、主語っぽく「人 が」となります。

※なぜか中学のときは「人 にとって」と教わりますが、難しい英文では対応できなくなるので、原則「人 が」と考えてください。

> **This problem is too difficult for us to solve.**
> この問題は、私たちが解くには難しすぎます。

▷ for と of の区別

意味上の主語は for を使うのが原則ですが、It is 形容詞 to ... という形で、「人の性質を示す形容詞」がきたときは、"for 人" ではなく、"of 人" を使います。

「人の性質」を表す形容詞

kind・nice「優しい」／honest「正直な」／smart・clever・wise「賢い」／careless「不注意な」／foolish・absurd・stupid「愚かな」／rude「無礼な」

of を取る形容詞は「君って○○だよね」と言える特徴があります。

×）「君って easy だよね」→ 不自然 → of は使えず、for を使う
◎）「君って kind だよね」→ 自然 → of を使う

> **It's very kind of you to come.**
> 来てくれてどうもありがとう。

直訳「来てくれるとは、あなたはとても優しい」でもいいのですが、It is kind of you to ～ は「～してくれてありがとう」と意訳でき、この和訳がよく使われます。

≫ 不定詞の否定形（not to 〜）

to 不定詞の動作を「否定する」ときは、**not を to の直前に置きます。**

I asked him <u>to call</u> me.「私に<u>電話する</u>ように、彼にお願いした」

             ↓

I asked him <u>not to call</u> me.「私に<u>電話しない</u>ように、彼にお願いした」

not はあくまで「不定詞だけを否定」します。間違っても asked の部分を否定するわけではないので、「お願いしなかった」と訳さないようにしてください。その場合は、I <u>didn't ask</u> him to call me.「私に電話するように、彼に<u>お願いしなかった</u>」となります。

---

in order to 〜／so as to 〜

≫「目的」をハッキリさせる

副詞的用法の意味はいくつもあるので、使い手があえて「目的の意味なんだ！」とハッキリさせたいときは、to 〜 を in order to 〜／so as to 〜 の形にします。

> **I left home early so as to be in time for the meeting.**
> 会議に間に合うように家を早く出た。　　※ in time for 〜「〜に間に合う」

≫「意味上の主語」や「否定形」を置くとき

in order to 〜 では、to 〜 の前に意味上の主語を置いて、in order for 人 to 〜 の形になることもあります。あくまで「for 人 は to の直前に置く」わけです（178 ページ）。

※ so as to 〜 は for 人 を置けませんが、そこまで覚える必要はありません。

She stepped aside in order for me to pass.
彼女は、私が通るために、脇へどいてくれた。

次は否定です。「〜しないように」と言いたいときは、**in order not to ～／so as not to ～** の形にします（あくまで not は to の直前に置く）。

My father wrote down the password in order not to forget it.
父は、忘れないように、パスワードを書き留めた。
※ write down「書き留める」

◇ so ～ as to ... と so as to ～ の区別

so as to ～ と見た目が似た表現に、so ～ as to ... というものがあります。これは that を使った形とセットで整理すれば簡単です。

「so が離れる」という視点から、so ～ as to ... ＝ so ～ that ... と考えます。一方、**「so がくっつく」**という視点で、so as to ～ ＝ so that ～ と整理すれば OK です。

so ～ as to ... vs. so as to ～

	離れる → 結果／程度 「とても～なので…」 「…なくらい～だ」	くっつく → 目的 「～するために」
so · as to	so ～ as to ...	so as to ～
so · that	so ～ that ...	so that s 助動詞 ※助動詞は will・can・may が多い

※ to の後ろは「動詞の原形」、that の後ろは「主語＋動詞」がくるという違いはあります。

so が離れるパターン（so ～ as to ... ＝ so ～ that ...）は同じ意味になるので、なじみのある so ～ that ... を軸にするといいでしょう。「so ～ as to ... は、おなじみの so ～ that ... と同じ」と考えるだけで、次のこと

が自然と理解できると思います。

so 〜 as to ... の特徴 (so 〜 that ... と同じ)

> ① 2つの意味：結果「とても〜なので…だ」／程度「…なくらい〜だ」
> ② まずは「結果」で考える → それが不自然なら「程度」に切り替える

She was so kind as to help me.
彼女はとても親切だったので、私の手助けをしてくれた。

so as to 〜 は「〜するために」でしたね。so と as to がギュッとくっつく場合は、so と that がくっつく場合と同じ意味になります。つまり、so as to 〜 = so that 〜 です。

※当然、so as to 〜／so that 〜 のどちらか1つを覚えればOKです。

My father is saving money so that he can buy a new car.
父は新車を買うためにお金を貯めている。

完了不定詞 (to have p.p.)

▷ 普通の不定詞なら「同時」が基本

普通の不定詞（to + 原形）は「主節から先（未来）の時制」、もしくは「主節と同じ時制」を表します。

He seems <u>to be</u> **rich.「彼はお金持ちのようだ」**
　　　　　　↑ seems と同時制

主節の時制（seems）が現在形、to 〜 も現在を表していて、「（今、目の前にいる彼を見ながら）金持ってそうだなあ」という感じです。

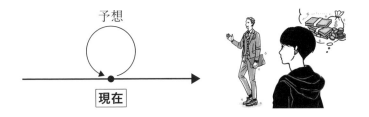

予想

現在

≫ 完了不定詞は「1つ前」の時制

to の後に「完了形（have p.p.）」がくる形もあり、これを「完了不定詞」と言います。**完了不定詞（to have p.p.）は「主節の動詞より1つ前の時制」**を表します。

He seems <u>to have been</u> rich in his thirties. **「彼は30代のころは金持ち**
　　　　　↑ seems より1つ前の時制　　　　　　**だった<u>ようだ</u>」**

seems は現在形なので、今回の to have been は「現在形より1つ前→過去のこと」を表します。「（今、目の前にいる彼は金持ちには見えないけど）どうも昔は金持ちだったみたい」といったときに使われます。

予想

過去　　現在

完了不定詞は、seem to 以外でも使えます。seem to 以外で特によく見かけるのが、be said to have p.p.「〜したと言われている」、be believed to have p.p.「〜したと信じられている」です。

He is said to have been rich.
彼は（以前は）お金持ちだったと言われている。

空所に適するものを選びましょう。

(1) 彼女は飲み物を欲しがっていた。

She wanted something (　　).

① to drink　　② drinking

(2) シチューが熱すぎて、その少年は口にすることができなかった。

The stew was (　　) hot for the boy to eat.

① enough　　② too

(3) 父は有名な歌手だったと言われている。

My father is said to (　　) a famous singer.

① have been　　② had been

解 答

---

(1) ①

解説：形容詞的用法の不定詞① to drink を選んで、something to drink「何か飲む物・飲み物」とします。-thing で終わる単語は、to が後ろから修飾します。

(2) ②

解説：日本文「〜すぎて…できなかった」と空所後の to eat に注目します。② too を選んで、too 〜 to ...「…するには〜すぎる／あまりに〜なので…できない」の形にすれば OK です。今回は意味上の主語 "for 人" が入り、too hot for him to eat「彼が食べるには熱すぎる／あまりに熱いので彼は食べられない」となります。

(3) ①

解説：日本文「〜だったと言われている」と空所前の is said to に注目です。完了不定詞（to have p.p.）を考え、① have been を選びます。be said to have p.p.「〜したと言われている」の形です。

空所に適するものを選びなさい。

(1)

(　　) difficult for my grandmother to walk up the stairs at the station.

① It's　　② There's　　③ She's　　④ They're

（関東学院大学）

(2)

It was careless (　　) him to make such a mistake.

① for　　② of　　③ on　　④ to

（京都女子大学）

(3)

She drove to the station, (　　) to find that her train was cancelled.

① only　　② in order　　③ so　　④ as

（駒澤大学）

(4)

The thief (　　) to have entered the house by breaking a window.

① believed　　　② had to believe

③ had believed　　④ was believed

（日本大学）

解答

(1) ①

解説：to walk up に注目して、① It's を選びます。It は仮主語、to 〜 が真主語で、It's difficult for my grandmother to 〜「私の祖母が〜するのは難しい」となります。今回は意味上の主語（for my grandmother）が入った形です。

和訳：私の祖母は駅の階段を歩いて上るのが難しい。

(2) ②

解説：空所直前の careless に注目します。「人の性質・性格」を表す形容詞なので、② of が正解です。It is 形容詞 to ... という形で「人の性質を示す形容詞」がきたとき、意味上の主語は "for 人" ではなく、"of 人" で表します。

和訳：そんなミスをするなんて彼は不注意だったね。

(3) ①

解説：空所直後の to + 原形 に注目です。「駅まで車で行ったが、結局〜しただけ」という流れを考え、① only を選びます。SV, only to 〜「SV だが、結局〜しただけ」の形です（直訳は「SV だが、結局は彼女が乗る電車が運休だったとわかっただけ」）。ちなみに、② in order も後ろに to 不定詞をとりますが、in order to 〜 を使うと「電車が運休したことを確認するために」となってしまい、文意が通りません。

和訳：彼女は駅まで車で行ったが、自分が乗る電車は運休だった。

(4) ④

解説：空所直後の to have entered に注目です。④ was believed を選び、be believed to have p.p.「〜したと信じられている・考えられている」の形にします。完了不定詞（to have p.p.）は主節の時制より「1 つ前の時制」を表し、今回は「考えられていた」という過去の時点よりも前に、「泥棒が家に入った」ということです。

和訳：その泥棒は窓を割って家に入ったと考えられていた。

不定詞（2）

イントロダクション

後ろに to か -ing か？

動詞の目的語に「to をとるか、-ing をとるか」という問題が入試頻出です。 テーマ **14** で「動名詞（-ing）をとるもの」を扱うので、ここで to だけを とる動詞をマスターしておかないと混乱してしまいます。単に丸暗記するので はなく、「to 不定詞は未来志向」というキーワードから攻略していきます。

中学英語との違い

後ろに to 不定詞をとる動詞は、中学までなら want・plan・try・decide な どに限られるので丸暗記で対応できますが、高校レベルでは数が一気に増 えるので、暗記には限界があります。「未来志向」という視点から丸暗記を 激減させていきましょう。

核心 不定詞は「未来志向」

to のイメージ

≫ to に潜む「未来志向」のイメージ

to 不定詞には「矢印（⇒）」のイメージがあります。以下の英文で、to を矢印に置き換えてみても、英文の意図は伝わると思います。

I want to swim in the sea. 「*海で泳ぎたい*」

I want ⇒ swim in the sea.　※ to 不定詞を " ⇒ " に変換

この to は、want の「（したいと思う）気持ちが向かう方向」を表します。to swim は単に「泳ぐこと」だけではなく、「これから泳ぐこと」というニュアンスを持つのです。

以上から、**to 不定詞の核心は「前向き未来志向」**とまとめられます。よって後ろに to をとる動詞はどれも「これから〜する」というニュアンスを持ちます。全体的に（前向き未来志向の影響で）「ポジティブな動詞」が多いのが特徴です。後になればネガティブな動詞も少し出てきますが、それでも「これから〜する」という点は同じです。

後ろに to 〜 がくる動詞（1）　プラスイメージ

> want to 〜・hope to 〜「〜したい」／would like to 〜「（できれば）〜したい」／plan to 〜「〜する計画（予定）だ」／mean to 〜「〜するつもりでいる」／decide to 〜「〜することに決める」／agree to 〜「〜に同意する」／offer to 〜「〜することを申し出る」／try to 〜「〜しようとする」／manage to 〜「何とか〜やり遂げる」／afford to 〜「〜する余裕がある」／come to 〜「〜するようになる」／get to 〜「〜するようになる」／learn to 〜「〜できるようになる」

　プラスイメージが持ちにくい（でも入試頻出なのが）manage です。「なんとか〜する」と訳されることが多いのですが、「やり遂げる！」という前向きなイメージを持つ単語です。

※英英辞典で manage を引けば、succeed「成功する」で言い換えられているはずです。

> **I managed to catch a taxi last night.**
> 昨夜は何とかタクシーを拾えた。

後ろに to 〜 がくる動詞（2）　単発のイメージ

> happen to 〜「たまたま〜する」／pretend to 〜「〜のふりをする」／seem to 〜・appear to 〜「〜のようだ」／prove to 〜・turn out to 〜「〜だと判明する」

　ここにある表現はどれも熟語扱いされるのですが、みなさんは「未来志向で、これから（とりあえず1回）起こる」→「単発」と連想してください。よって「単発のニュアンス」を持つ動詞の後にも to がくるわけです。

　happen to 〜「たまたま〜する」は「単発」のイメージそのままですね。seem to 〜・appear to 〜は「（普段は違うけど）今回だけは〜のように見える」、pretend to 〜 は「（本当は違うけど）今回だけは〜のふりをする」、prove to 〜・turn out to 〜「（今までと違って）今回〜だとわかる」といった発想です。

> **My mother happened to be out when I came home.**
> 私が帰宅したとき、母はたまたま外出していた。

後ろに to 〜 がくる動詞（3）　拒否のイメージ

> refuse to 〜「〜を拒む」／hesitate to 〜「〜をためらう」／fail to 〜「〜しない・できない」※ fail in 〜「〜に失敗する」と区別を／never fail to 〜「必ず〜する」

ここに属する動詞は「前向き未来志向」という感じで、「未来志向」の部分だけに注目してみてください。どれも「これから〜する（のを断る）」といったニュアンスがあります。

He refused to answer the police officer's questions.
彼は警官の質問に答えることを拒否した。

「これから答える」ことを refuse したわけですね。

補足 to を利用した裏ワザ

　to の核心「前向き未来志向」という発想を逆手にとると、英文を読んでいて知らない動詞が出てきても、"動詞 + to 〜"の形ならば、「これから〜する」と考えれば、意味がとれてしまうことが非常に多いのです。

※もちろんこのルールでうまくいかないのは、(3)拒否だけなので、ここをチェックしておけば、このルールをフルに活用できるわけです。

be to 構文

▷ 従来の be to の教え方

　"be to"の形で1つの助動詞の働きをする用法を「be to 構文」といいます。昔から「be to には5つの訳し方がある」と言われてきました。

参考 従来の英文法：be to 〜 の5つの訳し方

① 予定「〜する予定」　② 意図「〜するつもり」　③ 義務「〜しなくてはいけない」　④ 可能「〜できる」　⑤ 運命「〜する運命だ」

　たとえば、They are to be married. なら「予定を表す」と言われ、「あの2人は結婚する予定だ」と訳されます。しかし、5つの訳し方を丸暗記して、どの訳になるのかを当てはめていくというのも、すごく非効率的ですよね（そもそもリスニングには対応できません）。

≫ be to の真の意味

be to を直訳すると「これから～する（to）状態だ（be）」です。ここから **be to は「これから～することになっている」** となります。

昔から教えられる5つの意味（予定・意図・義務・可能・運命）は、すべて「これから～することになっている」の中に集約されています。5つの意味が全部（もしくはそのうちのいくつか）が混ざり合っているのが be to なんです。

They are to be married.
△）「あの2人は結婚する予定だ」
◎）「あの2人は結婚することになっている」

この和訳だけを見比べると、最初の「予定だ」と訳すほうが自然に見えますし間違いでもありませんが、be to には「予定」以外に他の意味も集約されているのです。They are to be married. では「2人は結婚する予定／結婚する意図／結婚は義務／結婚が可能／結婚する運命」ということなのです。一見バラバラに見える「予定・意図・義務・可能・運命」は、お互いにその意味を重ね合わせており、それを表すことができるのが「～することになっている」という発想なんです。

The children are to be in bed by nine.
子どもたちは9時までに寝ることになっている。

ちなみに、be to 構文は「いかにも受験英語」と思われることがあるのですが、実際にはニュース英語でも使われます。次の英文は、センター試験（共通テストの前身）のリスニングで出た英文です。

> **This afternoon all new students are to go to the assembly hall to sign up for classes.**
> 今日の午後、新入生は全員、授業の登録のために集会ホールに行くこと（になっています）。

▷ 必要なときだけ訳を検討する

be to は「〜することになっている」で十分に意味を理解できるわけですが、入試の和訳問題の場合、文脈次第で5つの訳し方のどれかだけを前面に出すと自然な日本語訳になる場合もあります（従来の教え方はいきなり翻訳家を目指すようなものです）。自然な和訳を求められたときに初めて、「予定・意図・義務・可能・運命」という選択肢からベストなものを選べばいいだけです（もちろん無理に覚える必要はありません）。

たとえば、先ほどの The children are to be in bed by nine. 「子どもたちは9時までに寝ることになっている」は「子どもたちは9時までに寝ないといけない」という「義務」で訳すこともできる、ということです。

▷ 名詞的用法と区別しよう

be to の形が単なる「名詞的用法」のときもあります。区別は簡単ですが、念のため確認として載せておきます。My dream is to live in Madrid.「僕の夢はマドリードに住むことです」という文は S=C（My dream=to live in Madrid）が成立するので、これは単に SVC の形です。

一方、be to 構文は「1つの助動詞」のように扱える特徴があります。They are to be married. のように、are to を1つの助動詞と考え、その後に be married がくる感覚です。何よりも、They ≠ to be married ですね。

不定詞を使った色々な慣用表現

▷ 3つに分けて整理する

不定詞を使った慣用表現（1）　文構造・動詞がポイントとなるもの

> **All S have to do is {to}** 原形 「S は〜しさえすればよい」／**know better than to 〜**「〜しないだけの分別がある（〜するほどバカではない）」／**be to blame**「責められるべきである」※受動態 238 ページで／**feel free to 〜**「自由に〜してよい」

| All you have to do is to send the letter.
その手紙を送るだけでいいのです。

　直訳は「あなたがしなければいけないすべてのことは手紙を送ることだ」で、そこから「手紙を送るだけでいい」となります。ちなみにこの熟語は、関係代名詞 that が省略されて、全体は SVC の構造です。

$$\boxed{\text{All \{that\} you have to do}} \text{ is \{to\} } \sim$$
　　　　　S　　　　　　　　　　V　C　　※この熟語では to は省略可能

不定詞を使った慣用表現（2）　副詞句として使われるもの

> **to be honest**「正直に言って」／**to be frank**「率直に言って」／**to be sure**「確かに」／**to tell the truth**「実を言うと」／**to begin[start] with**「まず最初に」／**to make matters worse**「さらに悪いことには」※make OC の形／**so to speak**「いわば」／**come to think of it**「考えてみれば」
> ※本来 <u>When I</u> come to think of it なので（come で始まるものの）副詞句として使われる。

| To tell the truth, I like *enka* more than I like rock 'n' roll.
実は、ロックより演歌が好きなんだ。
※日本語をそのまま英語で使う場合、斜字体にして、複数形にはしないことが多いです。

不定詞を使った慣用表現(3)　be 形容詞 to ～ の形になるもの

> be able to ～「～できる」／be unable to ～「～できない」／be about to ～「まさに～するところだ」／be anxious to ～「～したがる」／be sure to ～「きっと～する」／be due to ～「～する予定だ」／be likely to ～「～しそうだ」／be unlikely to ～「～しそうにない」／be ready to ～「～する準備ができている」／be willing to ～「進んで～する・～するのをいとわない（積極的なイメージだという誤解が多いが、そうとは限らない）」／be unwilling[reluctant] to ～「～したがらない」

※どれも "be 形容詞 to" を「1つの助動詞」と考えるといいでしょう。

The construction is unlikely to finish this month.
建設工事は今月に終わりそうにない。

CHECK　　　　入 試 問 題 に 向 け て

空所に適するものを選びなさい。

(1) もし質問があれば、遠慮なく尋ねてください。
If you have any questions, please don't (　　) to ask.
① want　　② hesitate

(2) 会議は月曜日に開かれることになっていた。
The meeting (　　) on Monday.
① was to be held　　② to be held

(3) 彼はちょうど家を出るところだった。
He was (　　) to leave home.
① about　　② able

(1) ②

解説：hesitate to 〜「〜するのをためらう」という表現で、don't hesitate to 〜 で直訳「〜するのをためらわないで」→「遠慮なく〜して」を表します。今回の英文はこのままよく使われますので、英文ごとマスターしておきましょう。

(2) ①

解説：日本文「〜ことになっていた」に注目して、be to 構文の① was to be held を選びます。be to 〜（今回は過去形で was to 〜）の後ろに、受動態 be held「開かれる」がきた形です。② to be held だと、文の動詞がなくなってしまう（文として成立しない）ためアウトです。

(3) ①

解説：be about to 〜「まさに〜するところだ」という熟語です。about は本来「周りに」を表し、直訳「これから〜する（to 〜）周りにいる（be about)」→「まさに〜するところだ」となりました。

空所に適するものを選びなさい。

(1)

This new technology has (　　) to be very useful for learning foreign languages.

① provided　　② prepared　　③ proved　　④ prohibited

（関西学院大学）

(2)

His (　　) me with the work greatly disappointed me.

① refuse helping　　　　② refuse to help

③ refusing of helping　　④ refusal to help

（福岡大学）

(3)

The prime minister (　　) to visit Australia and New Zealand in the fall.

① is　　② makes　　③ takes　　④ will be

（日本女子大学）

(4)

It is (　　) to rain today.

① hardly　　② likely　　③ seemingly　　④ willing

（武庫川女子大学）

解答

(1) ③

解説：空所直後の "to + 原形" に注目して、③ proved を選びます。prove to ～「～だと判明する」の形です。②も prepare to ～「～する準備をする」の形をとりますが、今回は文意が通りません。また、①は provide 人 with 物「人に物を提供する」、④は prohibit 人 from -ing「人が～するのを禁じる」の形が大切です。

和訳：この新技術は、外国語の学習にとても効果的であることがわかっている。

(2) ④

解説：His の直後なので、空所には「名詞」が入ります。refuse to ～「～を拒む」の形から、④ refusal to help を選べば OK です（動詞 refuse が名詞 refusal になっても、後ろに to ～ がくるのは同じです）。His refusal to help me with the work「彼がその仕事を手伝うのを拒んだこと」という主語になります（refusal to ～ は「～するのを拒むこと」と考えれば OK。help 人 with 物「人の物を手伝う」）。

和訳：彼はこの作業をするのを手伝ってくれないと言ったので、とてもがっかりした。

(3) ①

解説：空所直後の "to + 原形" に注目して、① is を選びます。be to 構文は「これから～することになっている」を表し、The prime minister is to visit ～「これから首相は～を訪れることになっている」と考えればバッチリですね。

和訳：首相は秋にオーストラリアとニュージーランドを訪れることになっている。

(4) ②

解説：空所前後の is・to に注目です。② likely を選んで、be likely to ～「～しそうだ」という熟語にします。④も be willing to ～「進んで～する・～するのをいとわない」の形をとりますが、今回は文意に合いません。

和訳：今日は雨が降りそうだ。

イントロダクション

丸暗記だらけでウソまで横行している動名詞

問：空所に入るものは？

> My hobby is (　) stamps. 「趣味は切手集めです」
> ① to collect　　② collecting　　③ to collect と collecting 両方

これは小学校の教科書レベルの英文ですが、これに自信を持って答えられる高校生は半分もいません。悪いのはみなさんではありません。教える側が、My hobby is to collect 〜 なんて不自然きわまりない文を使うことさえあるからです。

正解は、② collecting です。My hobby は「未来志向の to」と相性が良くないのです。むしろ動名詞のイメージの1つである「反復」のニュアンスと相性が抜群です。趣味は「何回も繰り返し反復するもの」だからです。このような動名詞のイメージをきちんと解説していきます。

中学英語との違い

中学では「finish・stop・enjoy の後に -ing」くらいでいいのですが、高校では一気に数が増えます（そこで変なゴロ合わせが流行ったりします）。「数が増えるから暗記の量を増やす」のではなく、動名詞の核心をじっくり考えていけば、意外と簡単に対応できますよ。

本編解説

動名詞の働き

▷ **動名詞（-ing）は「動詞が名詞になったもの」**

動名詞は「動詞の性質と名詞の性質を併せ持つもの」と説明されるの
が普通ですが、**動名詞は決して「名詞と動詞が半々」なのではなく、あ
くまで「(動詞の性質を残した)名詞」なのです。**

※「カレーパン」は結局「パン」ですよね。動名詞も結局は「名詞」です。

意味は「動詞（〜する）＋ 名詞（〜こと）＝ 動名詞（〜すること)」で
す。動<u>名詞</u>は「名詞」なので、「〜する<u>こと</u>」のように名詞「こと」で締
めくくるわけです。

もちろん動詞の性質も残しています（100％純粋な名詞ではないの
で）。たとえば「目的語をとれる」という性質があります（他動詞の場
合)。playing the piano で「ピアノを弾くこと」となります。

▷ **動名詞の「働き」**

動名詞の働きは「名詞の働き（S・O・Cになる）と同じ」です。

☑ **S になる**

Speaking in English is difficult.

英語で話すこと は難しい。

☑ **O になる**

Tim began using a new kind of shampoo .

ティムは 新しい種類のシャンプーを使い 始めました。

※直訳「使うことを始めた」

☑ C になる

My hobby is collecting trading cards .

私の趣味は トレーディングカードを集めること です。

補足 **be 動詞の後にある -ing の区別**

厳密に説明するなら、"S is -ing" において、**S = -ing が成立すれば動名詞**、そうでなければ進行形ですが、明らかに意味が異なるので簡単に区別できます。

動名詞：My hobby is collecting old coins.

「私の趣味は古いコインを集めることです」

※ My hobby = collecting old coins なので、collecting は動名詞

進行形：He is collecting rocks.

「彼は石集めをしている（途中です）」

※ He ≠ collecting rocks なので、collecting は現在分詞

▷ 前置詞の「目的語」にもなれる

動名詞は、動詞の目的語だけでなく**前置詞の目的語になる**こともあり、その場合は "前置詞 + -ing" の形になります。

Paula walked for three hours without stopping .

ポーラは 3 時間、 立ち止ま らずに歩きました。

※直訳「立ち止まることなしに」

"前置詞 + -ing" は、before[after] -ing「〜する前 [後] に」、without -ing「〜しないで」などがよく使われますが、熟語でも使われます。

"前置詞 + -ing" の形を持つ熟語

> be interested in -ing「〜することに興味がある」／be fond of -ing「〜するのが好きだ」／be afraid of -ing「〜するのが怖い」／be good at -ing「〜するのが得意だ」／be poor at -ing「〜するのが苦手だ」／Thank you for -ing「〜してくれてありがとう」／How about -ing?「〜するのはどうですか？」／look forward to -ing「〜することを楽しみにする」 ※この to は「前置詞」

> Betty is interested in learning about koalas.
> ベティはコアラについて学ぶことに興味を持っています。

動名詞のバリエーション

▷ 所有格か目的格を使う

　動名詞の中には（あくまで名詞とはいえ）動作を表す意味が含まれます。**その動作主を示すときは「所有格か目的格を -ing の前に置く」**ようにします。これを「意味上の主語」といいます。

　① He loves dancing.「彼は（彼自身が）踊ることが大好きです」
　② He loves her dancing.「彼は、彼女が踊ることが大好きです（彼女のダンスが大好き）」

　①では dancing の動作主は「文の主語と同じ」です。「意味上の主語を示さない＝文の主語と同じ」という暗黙の了解があります。
　②では her が dancing の意味上の主語となります。この her は主語っぽく「彼女が」と訳します。

▷ 動名詞の否定形（not -ing）

動名詞の動作を否定するときは、not を -ing の前に置くだけです。

He insisted on singing there. 「彼はそこで歌うことを言い張った」

↓

He insisted on not singing there. 「歌わないことを言い張った」

≫ 動名詞の受動態（being p.p.）

受動態 be + p.p. が動名詞化すると "being p.p." という形になります。

He likes being praised in front of others.

彼は人前で褒められるのを好む。

※ being praised で「褒められること」

動名詞の3つのイメージ

≫「反復」のイメージを持つ動詞は -ing をとる

　動名詞も不定詞（名詞的用法）も名詞の働きをするので、「（他動詞の）目的語になる」ことができます。つまり動詞の後ろに -ing／to 〜 がくることがあるわけです（-ing／to 〜 のどちらがきても同じ意味、もしくは微妙な違いで気にならない程度）。

　ただし一部の動詞は -ing か to 〜 のうち「どちらか1つしかとれない」ものもあり、それが入試で頻繁に狙われます。

　「後ろに動名詞（-ing）をとる動詞」は昔から「メガフェプス（megafeps）」というゴロ合わせで教えられてきました。mind・enjoy・give up・avoid・finish・escape・put off・stop など後ろに -ing をとる動詞の頭文字をくっつけた造語です。しかしこんなことを覚えても対応できない動詞がたくさんありますので、イメージから理解したほうが早いです。

　ここでは動名詞のイメージを3つに分けて解説しますが、その1つめが「反復」です。**「繰り返す・グルグルまわる」イメージを持つ動詞は -ing をとる傾向がある**のです。たとえば practice「練習する」は「反

復・繰り返して練習する」というイメージから、practice -ing となります。以下の動詞を、「反復」が根底にあることを意識しながらチェックしてみてください。

「反復」イメージの動詞（1）　実際に動作を反復する動詞

practice「練習する」※反復して練習する／enjoy「楽しむ」※繰り返して楽しむ・趣味／be used to -ing「〜することに慣れている」※反復して慣れる／get used to -ing「〜に慣れる」※ be が「動作を表す get」になった形

> He is used to driving a big car.
> 彼は大きな車を運転するのに慣れている。

be used to -ing は「to は前置詞なので -ing がくることに注意」とだけ説明されますが、それよりも「何度も繰り返して慣れていく」→「反復のイメージだから動名詞になる」と考えてみてください。

※ちなみに数百年前には use に「慣らす」という意味があり、その名残で be used to -ing という熟語ができました。

▷ 頭の中でグルグルまわる動詞

「反復」→「頭の中で反復してグルグル考える」という流れから、思考系の動詞も -ing をとります。たとえば mind「気にする／嫌がる」は、イヤなことがあって、それが頭の中でグルグル反復するイメージです。

「反復」イメージの動詞（2）　頭の中で反復する思考系の動詞

mind「気にする」※イヤなことが頭の中でずっと反復／consider「考える」※あれやこれや頭の中でグルグル考える／imagine「想像する」※頭の中でグルグルと想像する／look forward to -ing「〜するのを楽しみに待つ」※楽しいことを想像する

Would you mind turning down your music?
音楽の音量を下げてもらえませんか？

　Do[Would] you mind -ing?「〜するのは嫌ですか」→「（嫌じゃなければ）〜してくれませんか？」という決まり文句です。

　また、look forward to -ing は有名な熟語ですが、その前に知っておくべきは imagine「想像する」です。これは「（頭の中でグルグルと）想像する」から -ing をとります。「imagine の楽しいバージョン」が look forward to -ing と言えます。

※みんな look forward to -ing は知っているのに、imagine -ing は入試の超難問と言われる（みんな知らない）のも変な話ですよね。

I'm looking forward to seeing you again next time.
また次回お会いできるのを楽しみにしております。

▷ 中断のイメージがある動詞も -ing をとる

　「反復していたものが中断する」という流れから、「中断」のイメージを持つ動詞は -ing をとると考えてください。この「中断」が２つめのイメージとなります（stop -ing が有名なので、その仲間と考えてもいいでしょう）。「反復」の動詞には明るい雰囲気の動詞も多かったのですが（enjoy・look forward to など）、この「中断」になると少し暗い動詞が増えてきます。

「中断」イメージの動詞

> **stop・quit**「やめる」／**give up**「あきらめる」／**finish**「終える」※「中断」の延長で「終える」も -ing をとると考える

My father gave up eating ramen because he thinks it isn't healthy.
ラーメンは健康に良くないと考えているので、父はラーメンを食べるのをやめました。

▷ 動名詞のメインのイメージ「逃避」

「逃避」のイメージがある動詞も -ing をとります。この「暗い顔」こそが動名詞の本性といえます。「中断したものを投げ捨てて逃避する」という流れで考えてもいいでしょう。少し難しい単語も増えますが、難関大では普通に出ますので、しっかりチェックしていきましょう。

「逃避」イメージの動詞

> miss「逃す」 ※「逃避」の「逃」ですね／avoid・escape・help「避ける」
> ※「逃避」の「避」で、help は cannot help の形で使われる（詳しくは 209 ページ）
> ／put off・postpone「延期する」 ※「明日でいいや」という「現実逃避」をイメージ／object to -ing・be opposed to -ing「反対する」 ※「逃避」→「反対」とつながります

Yuki has been putting off buying a new smartphone.
ユキは新しいスマホを買うのを先延ばしにし続けている。

　put off・postpone「延期する」は、「明日でいいや」という「現実逃避」と考えてください。「延期」自体は未来のことですが、「延期」の根底には「現実逃避」があるので、英語の世界では「逃避」が意識されて -ing のニュアンスになるわけです。

to と -ing で意味が大きく変わる動詞

▷ 不定詞は「未来志向」、動名詞は「過去志向」

　大半の動詞は「目的語に to と -ing の両方をとれる」ので、to だけ・

-ing だけという動詞をここまでチェックしてきました。

　さらにここでは「to も -ing もとれるけど、意味に大きな違いが出る動詞」を見ていきます。とはいえ難しいことはなく、「意味が違う = 不定詞と動名詞の特徴が大きく出る」だけで、**不定詞は「未来志向」、動名詞は「過去（もしくは過去〜現在)」**を意識すれば簡単です。

(1) -ing が「過去」を表すパターン

① remember to 〜「(これから) 〜するのを覚えている（忘れずにする)」
　remember -ing「(過去に) 〜したのを覚えている」
② forget to 〜「(これから) 〜するのを忘れる」
　forget -ing「(過去に) 〜したのを忘れる」
③ regret to 〜「残念ながら〜する」 ※直訳「これから〜したら後悔する」
　regret -ing「(過去に) 〜したのを後悔する」

Remember to bring an umbrella!
傘を持ってくるのを忘れないでね！　　※「これから傘を持ってくる」

I remember meeting the woman, but I can't remember her name.
その女性に会ったことは覚えているのだけれども、彼女の名前が思い出せない。　　※「会った」のは過去のこと

(2) -ing が「過去〜現在」を表すパターン

① mean to 〜「〜するつもり」　　※ mean は「意図する」という意味
　mean -ing「〜という意味だ」
② stop to 〜「立ち止まって〜する」
　stop -ing「〜するのをやめる」

Himari got tired, so she stopped running.
ヒマリは疲れたので、走るのをやめました。

Brenda stopped to talk with Kazuma.

ブレンダは立ち止まってカズマと話しました。

※直訳「話すために立ち止まった」

stop to 〜 は「ちょっと（立ち止まって）〜する」となります。この stop は自動詞「立ち止まる」、to は副詞的用法（〜するために）です。直訳は「〜するために立ち止まる」ですが、「ちょっと〜する」と意訳することがよくあります（本当に立ち止まらなくても使える）。

▶ **まとめ　to 不定詞と動名詞のまとめ**

to 不定詞と動名詞のイメージを対照的にまとめると以下のようになります。ざっくりと、to は前向き、動名詞は後ろ向きで、そこから細かく「過去⇔未来／消極的⇔積極的／反復⇔単発」と整理するといいでしょう。

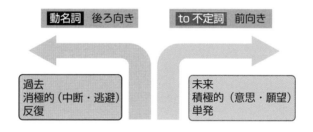

動名詞の慣用表現

▷ 前置詞がポイントになる慣用表現

動名詞の慣用表現は重要なものがたくさんあり、かつ、成り立ちを理解すると暗記事項が減るため、グループに分けて解説していきます。

動名詞の慣用表現（1）　前置詞がポイントになるもの

① 前置詞 to を使ったもの

when it comes to -ing「〜することになると」※ it は「状況の it」で漠然とした意味／in addition to 〜「〜することに加えて」／What do you say to -ing?「〜するのはどうですか？」

② to 以外の前置詞を使ったもの

feel like -ing「〜したい」※前置詞 like「〜のように」／It goes without saying that 〜「言うまでもなく〜」／cannot 〜 without -ing「〜すれば必ず…する」※直訳「…しないでは〜できない」（295 ページ）／in -ing「〜するときに」※直訳「〜する範囲内において」／on[upon] -ing「〜するとすぐに」※「接触の on（動作の接触）」

前置詞 to を使った表現のうち、look forward to -ing「〜するのを楽しみに待つ」などは「動名詞のイメージ（反復・中断・逃避）」を利用することで覚えやすくなるので、そちらで扱いましたが、それ以外のものもあります。ただその場合、単純に**前置詞 to の本来の意味「方向・到達（〜のところに）／対比（〜に対して）」**から考えれば OK です。

> **What do you say to dining out tonight?**
> 今夜、外食するのはどう？

直訳「今夜、外食する（dine out）ことに対して（to -ing）あなたは何と言う？（What do you say）」→「外食はどう？」となるわけです。

≫ 文法的観点がポイントになる慣用表現

動名詞の慣用表現（2）　文法的に注意を要するもの

cannot help -ing「つい（思わず）〜してしまう」／It is no good[use] -ing「〜しても無駄だ」※ It は仮主語、-ing が真主語で、use は名詞「利益・効用」／There is no use {in} -ing「〜しても無駄だ」／There is no -ing「〜できない」※本来は There is no {way of} -ing なので no になる（not ではない！）／be worth -ing「〜する価値がある」※ worth は前置詞なので直後には -ing がくる

> I couldn't help smiling when I saw the baby.
> その赤ちゃんを見て、つい笑みがこぼれてしまった。

　help は「（薬が）助ける」→「（病気を）防ぐ」→「（病気を）避ける」となりました。この意味の help は -ing をとります（avoid「避ける」と同じ感覚）。cannot help -ing は「〜することを避けられない」→「つい〜してしまう」となります。

※「〜せざるをえない」と訳されることが多いのですが、そうではなく、「（反射的に）思わず〜してしまう／〜するのを抑えられない」と理解したほうが実際には役立ちます。

動名詞の慣用表現（3）　前置詞が省略できるもの

be busy {in} -ing「〜するのに忙しい」／spend 時間・お金 {in・on} -ing「〜することに 時間・お金 を費やす」※前置詞は省略されることがほとんど／have difficulty[trouble・a hard time] {in} -ing「〜するのに苦労する」／lose no time {in} -ing「すぐに〜する」／be careful {in} -ing「注意して〜する」／take turns {in・at} -ing「交代で〜する」

※（2）にある There is no use {in} -ing も、前置詞の省略としてここに含めても OK

　動名詞の慣用表現には「前置詞が省略できるもの」がたくさんあり、「分詞構文との混同で前置詞が省略された」と考えることができます。分詞構文は テーマ 16 で解説しますが、要点を先取りすると……分詞構文

動名詞

が後ろにきた形（SV, -ing 〜）では「そして・〜しながら」という意味になります。この「〜しながら」という意味と、今回の慣用表現の意味が似ているので、分詞構文と混同して -ing だけで使われるようにもなったのだと思います。

※前置詞の省略は任意なのですが、入試では省略された形が圧倒的によく出ます。

> **She spent seven hours drawing the picture.**
> 彼女はその絵を描くのに 7 時間使った。

spend 時間 -ing は直訳「〜することにおいて 時間 を費やす」→「〜しながら 時間 を費やす」という意味です。

CHECK 入 試 問 題 に 向 け て

空所に適するものを選びましょう。
(1) 医者は彼女が数日間休みをとるように言っている。
Her doctor insists on (　　) for a few days.
① she rest　　② her resting

(2) もし出かけるなら、ドアの鍵を閉めるのを忘れないでね。
If you are going out, remember (　　) the door.
① locking　　② to lock

(3) 母は研究論文の準備でずっと忙しい。
My mother has been busy (　　) her research report.
① preparing　　② to prepare

(1) ②

解説：insists on ～「～と主張する」の後ろには、動名詞の② her resting がきます。her は動名詞の意味上の主語で、insists on her resting「彼女が休みを取るように言う」となります。

(2) ②

解説：空所直前の remember に注目です。② to lock を選んで、remember to ～「(これから) ～するのを覚えている／忘れずに～する」の形にします。remember -ing は「(過去に) ～したのを覚えている」を表すのでアウトです。

(3) ①

解説：be busy {in} -ing「～するのに忙しい」という熟語です。

空所に適するものを選びなさい。

(1)

I'm not used (　　) being called by my first name.

① upon　　　② in　　　③ by　　　④ to

（中部大学）

(2)

A：Do you mind (　　) the window?

B：Not at all. I will do it right away.

① with opening　　　② to open

② open　　　④ opening

（中部大学）

(3)

She tried to avoid (　　) my question.

① answer　　　② answered　　　③ answering　　　④ to answer

（立命館大学）

(4)

My son spends hours (　　) with his friends on his cellphone every night.

① to chat　　　② chat　　　③ chatting　　　④ with chatting

（千葉工業）

(1) ④

解説：空所前後の used・being に注目して、④ to を選びます。be used to -ing「〜することに慣れている」の形です（この to は前置詞）。

和訳：私は下の名前で呼ばれるのに慣れていない。

(2) ④

解説：Do you mind -ing?「〜するのは嫌ですか」→「（嫌じゃなければ）〜してくれませんか？」という依頼表現です。mind「気にする・嫌がる」は、嫌なことが頭の中でグルグル反復するイメージで -ing をとると考えてください。返答の Not at all. は「全然嫌じゃないですよ」→「OK・もちろん」を表します。

和訳：
A：窓を開けてくれませんか？　　B：いいですよ。すぐ開けますね。

(3) ③

解説：空所直前の avoid は後ろに -ing をとる動詞なので、③ answering を選びます。avoid -ing「〜することを避ける」の形です。ちなみに、その前では try to 〜「〜しようとする」が使われています。

和訳：彼女は私の質問に答えないようにした。

(4) ③

解説：空所前の spends hours に注目します。spend 時間 {in・on} -ing「〜することに 時間 を費やす」の形を考え、③ chatting を選べば OK です。My son spends hours chatting with 〜「息子は〜とおしゃべりすることに何時間も費やす／息子は〜と何時間もおしゃべりする」となります（chat with 〜「〜とおしゃべりする」）。

和訳：息子は毎晩、携帯電話で友人と何時間もおしゃべりする。

イントロダクション

日常会話で多用される過去分詞

分詞は日本語の中にもたくさん取り入れられています。たとえば、fried chicken「フライドチキン」、scrambled eggs「スクランブルエッグ」などです。ただし、fried chicken ではちゃんと -ed が「ド」と発音されるのに、scrambled eggs では「スクランブルエッグ」となり、-ed が無視されているあたり、分詞を適当に捉えてしまいがちなので、分詞という単元も（他の単元同様に）精密に考えていく姿勢が必要になります。

中学英語との違い

中学英語では分詞構文というものが出てこないので、高校英語では -ing や p.p. を見たら、分詞構文との区別が必要です（分詞構文は テーマ **16** で）。

また、感情動詞の -ing と -ed 形の区別、たとえば、exciting と excited の区別などが重要になってきます。

> 核心 　分詞は「形容詞」の働き／-ing は能動（〜する）、p.p.
> は受動（〜される）

分詞の形容詞的用法

▷ 現在分詞と過去分詞

　分詞には、-ing（現在分詞）と p.p.（過去分詞）の 2 種類があります。
それぞれ 2 つの意味を持ちます（それぞれ「対」になるのがポイント）。

分詞の意味

	-ing	p.p.
進行 or 完了	進行途中「〜している（途中）」	完了「〜してしまった」
能動 or 受動	能動「〜する」	受動「〜される」

　-ing の「進行途中」は進行形（be + -ing）で、p.p. の「完了」は完了
形（have + p.p.）でおなじみなので、ここで意識してほしいのは「能
動・受動」の視点です。

▷ 名詞を修飾する

　分詞は名詞を修飾する働きがありますが、ざっくりと「分詞が 1 語な
ら前から・2 語以上なら後ろから修飾する」と考えてください。

The smiling boy walked towards me.
笑顔を浮かべたその男の子は、私のほうに向かって歩いてきました。
※ smiling が、直後の boy を修飾している。

That dog running over there is my friend's.
向こうで走っているあのイヌは、私の友人が飼っているイヌです。
※ running over there が、直前の That dog を修飾している。

≫ -ing と p.p. の判別

　-ing と p.p. の区別は、「名詞と分詞の関係」から考えるようにしてください。**名詞と分詞の間に「SV の関係」が成立**します。そのSとVの「能動 or 受動」を考えて判断します。

分詞の判別

> ① 能動関係「名詞が〜する」→ -ing
> ② 受動関係「名詞が〜される」→ p.p.

①能動関係「名詞が〜する」→ -ing

the woman walking towards us「私たちのほうに向かって歩いてきている女性」
　　　　s'　　　v'

「女性が歩く」という能動関係になるので、walking になります。

The woman walking towards us is my teacher.
私たちに向かって歩いてきている女性は、私の先生です。

②受動関係「名詞が〜される」→ p.p.

the language spoken in Canada 「カナダで話されている言語」
　　　　s'　　　　v'

「言語が話される」という受動関係になるので、spoken になります。これは「あの国で話している言語」とも訳せるので、つい「している」→ speaking というミスが多いのです。日本語訳につられることなく、あくまで英語の**能動・受動関係で考える**必要があります。

What is the language spoken in Taiwan?
台湾で話されている言語は何ですか？

感情動詞

▷ 感情動詞は「〜させる」

　まずは意味そのものに注意してください。たとえば動詞 surprise を「驚く」と覚えてはいけません。正しくは「驚かせる」です。interest は「興味を持たせる」、excite は「ワクワクさせる」のように、感情動詞は、ほぼすべて「〜させる」という意味を持ちます。

The magician surprised the audience.
そのマジシャンは観客を驚かせた。

　この surprised は単なる「過去形」です。感情動詞は直後に「人」がきて、「人を〜させる」という意味で使えるのですが、分詞として使われるほうがずっと多く、その場合、-ing と p.p. の区別が重要になります。

▷ 感情動詞の分詞の区別

① -ing

　動詞が -ing になることで「形容詞化」します。たとえば interesting は本来なら動詞 interest の -ing 形で「興味を持たせるような」です。

※そもそも interesting は形容詞として浸透していますが、元の形から考えると、他の動詞の場合にも応用が利きます。

② p.p.

　-ing 同様、p.p. の形になることで「形容詞化」します。interested なら、動詞 interest の p.p. で「興味を持たされるような」→「興味を持った」となるのです。

※これも（p.p. というより）be interested in 〜「〜に興味がある」で浸透していますが、やはりここで元の形から考える姿勢が大切です。

さて、この使い分けですが、-ing は能動「〜する」で、p.p. は受動「〜される」という違いから考えてみてください。

感情動詞の -ing と p.p. の判別

> **-ing** → その気持ちにさせる／その感情を他人に「与える」　※する側
> **p.p.** → 気持ちにさせられる／その感情を「与えられる」　※される側

※ p.p. は「〜させられる」→「〜した」（日本語で気持ちを表す「〜した」に相当）

日本語の「ワクワクする」という言葉も、英語では exciting と excited をきちんと使い分けないといけません。

The film is exciting. なら「その映画は（人を）ワクワクさせるようなものだ」という意味です。He is excited. なら「彼はワクワクさせられている」→「彼はワクワクしている」ということです。

補足　よくあるウソ

「主語が "人" なら p.p. で、"物" なら -ing を使う」と習う人も多いのですが、その考え方はやめたほうがいいです。確かにそうなることが多いのですが、He is exciting.「彼は（周りの人を）ワクワクさせるような人間だ」（たとえば「すごく明るい・カリスマ性がある」）という文もアリだからです（人が主語の文に -ing が使われていますね）。

最初は面倒ですが、みなさんは「させる」なら -ing、「させられる」なら p.p. という判別方法を使ってください。これが正しい考え方です。

感情動詞をチェック

　感情動詞は入試最重要項目なのに、まとめてチェックする機会がなぜかありません。大変ですが一気に覚えてしまいましょう。

☑ **ワクワクさせる・感動させる・夢中にさせる**

> amuse「楽しませる」／interest「興味を持たせる」／excite「ワクワクさせる」／delight「喜ばせる」／please「喜ばせる」／satisfy「満足させる」
>
> move「感動させる」※心を「動かす」／touch「感動させる」※心に「触れる」／impress「感心させる・印象を与える」／strike「印象を与える」※プラスイメージとは限らない（strikeの原義は「打つ」→「人の心を打つ」）／attract「興味を引く」

I am pleased with your work.
君の仕事には満足しています。

※ be pleased with ～「～に喜んでいる・満足している」の形でよく使われる（withは「関連（～について）」を表す）

That's a fascinating idea!
それ、ものすごく良いアイディアだよ！　　※「人を魅了するアイディア」

☑ **驚かせる・疲れさせる・失望させる**

> surprise「驚かせる」／amaze「驚かせる」※プラスイメージ／astonish「驚かせる」
>
> bore「退屈させる」／tire・exhaust「疲れさせる」
>
> embarrass「恥ずかしい思いをさせる」※顔が赤くなるイメージ／confuse「混乱させる」／depress・disappoint・discourage「がっかりさせる」／disgust「うんざりさせる」

That's amazing!

それはすごい！　　※あいづちのように使われることが多い

He is exhausted after staying up all night.

彼は徹夜の後で疲れきっている。

※ exhaust は「外に（ex）にエネルギーを出す」→「どっと疲れさせる」

☑ 怒らせる・狼狽させる・怖がらせる

> annoy・irritate「イライラさせる」※ irritate と「イライラ」の音が似ていますね／upset「狼狽させる・むしゃくしゃさせる」／shock「ショックを与える」
> scare・frighten・terrify「怖がらせる」／alarm「心配させる」

The sound was irritating.

その音はイライラさせるようなものだった。

He was upset about not being invited to the party.

彼はパーティーに呼ばれなくて動揺していた。

　upset はあまり注目されませんが超重要単語です。本来「ひっくり返す」→「平穏な心をひっくり返す」→「狼狽させる・むしゃくしゃさせる」となります。「焦り（狼狽させる）」と「苛立ち（むしゃくしゃさせる）」の2つの意味があります（どちらの意味になるかは文脈判断）。

　また、upset は無変化（upset-upset-upset）で、この英文では p.p. で、「焦らされた」→「焦った・動揺した」となります。

☑ 例外（自動詞）　　※ marvel 以外は他動詞用法でもよく使われる

marvel「すごく驚く」／fear「怖がる」／relax「リラックスする」

I marveled at her ability to play the piano.
僕は彼女のピアノを弾く能力にすごく驚いた。

　感情を表す動詞は、surprise「驚かせる」のような「〜させる」が原則ですが、marvel は例外的に「〜する」という自動詞です。

※アメリカの Marvel という会社は驚嘆するほどのスーパーヒーローを連想させるイメージがあります（スパイダーマンやアイアンマンなど）。

CHECK　　　　　入 試 問 題 に 向 け て

空所に適切なものを選びましょう。

(1) 私は、吠えている犬に向かって本を投げつけた。

I threw a book at the (　　) dog.

① barked　　② barking

(2) その店で売られている電話（スマホ）は若者の間で人気がある。

The phones (　　) at the store are popular among young people.

① are sold　　② sold

(3) 彼のコーチは、彼のパフォーマンスに満足した。

His coach was (　　) with his performance.

① satisfy　　② satisfied

(1) ②

解説：空所には、直後の名詞 dog を修飾する語句が入ると考えます。「犬が吠える」という能動関係が適切なので、現在分詞の② barking が正解です。

(2) ②

解説：(　　) at the store は、空所直前の The phones を修飾すると考えます。「電話はお店で売られる」という受動関係が適切なので、過去分詞の② sold が正解です。もし、① are sold を入れてしまうと、後半の動詞 are の主語がなくなってしまうことになります。

(3) ②

解説：His coach が主語で、パフォーマンスによって「満足させられる」という受動関係なので、過去分詞の② satisfied が正解です。be satisfied with ～「～に満足している」という熟語です（with は「関連（～について）」を表す）。

空所に適するものを選びなさい。

(1)

The cat (　　) peacefully in the sun is our old cat.

① sleep ② sleeps ③ sleeping ④ to sleep

（大阪学院大学）

(2)

The languages (　　) in Canada are English and French.

① speaking ② spoke ③ spoken ④ to speak

（愛知工業大学）

(3)

The movie I saw last night was very (　　).

① interest ② interested ③ interesting ④ interestingly

（高崎経済大学）

(4)

I always feel (　　) when I have to give a speech in front of large audience.

① accounted ② embarrassed ③ sensible ④ unconscious

（青山学院大学）

(1) ③

解説：(　　) peacefully in the sun は、空所直前の The cat を修飾すると考えます。「ネコが<u>眠っている</u>」という能動関係から③ sleeping が正解です。

和訳：日なたで穏やかに眠っているネコは、私たちが昔から飼っているネコだ。

(2) ③

解説：(　　) in Canada は、空所直前の The languages を修飾すると考えます。「言語は<u>話される</u>」という受動関係から③ spoken が正解です。

和訳：カナダで話されている言語は英語とフランス語です。

(3) ③

解説：The movie {which/that} I saw last night「私が昨夜見た映画」が主語です。「映画は（人に）<u>興味を持たせる</u>」ので、③ interesting が正解です。

和訳：私が昨夜見た映画はとても面白かった。

(4) ②

解説：空所直後の内容に合うのは、② embarrassed です。embarrass は「恥ずかしい思いをさせる」で、be embarrassed で「恥ずかしい思いをさせられる」→「恥ずかしい思いをする」となります（今回は be 動詞の代わりに feel が使われています）。

ちなみに、① accounted は動詞の意味では account for ～「～を説明する・～を占める」、名詞「勘定書・報告」が大切で、③ sensible は「賢明な」、④ unconscious は「気づかない」です。

和訳：大勢の聴衆の前でスピーチをしなければならないとき、いつも恥ずかしく感じる。

分詞構文

分詞構文の正体は「副詞の働きをする -ing」

分詞構文はその名前からして意味不明ですよね。ただし、分詞構文の正体は実にシンプルで、単に「-ing が副詞の働きをするもの」なんです。不定詞に副詞的用法がありましたが、それと同じ感じで「-ing の副詞的用法」が分詞構文の正体です。

中学英語との違い

分詞構文は中学では出てこない、完全に高校範囲のものです。それだけに「分詞構文には5つの訳し方があるから覚えよう」と言われると、純粋な高校生ほど真面目に暗記してしまうのですが、そんなことをする必要は一切ありません。初めて分詞構文を学ぶのがこの本なら、何も問題ありませんし、一度習っていれば「たくさんある訳し方」は忘れても大丈夫です。

> [核心] **分詞構文は副詞の働きをする -ing のこと／意味は「位置」によって決まる**

分詞構文の正体

≫ 分詞構文はニュースでも使われる！

　分詞構文は「書き言葉で使われ、会話では普通は使われない」「元の接続詞を考えることが大切」「5 つの訳し方を覚えよう」などと言われがちですが、すべて忘れて OK です。

　そもそも分詞構文は英語ニュース番組でも頻繁に使われます。当然、入試の英作文やリスニングで出てくることもあります。また、「分詞構文を見たら、元の接続詞を考えよう」という教え方もありますが、実際の入試問題で「元の接続詞に戻しなさい」なんて問題は一切出ません。大学側からしたら「意味のないこと」という認識なのでしょう。

≫ -ing にも「3 用法」がある

　まずは分詞構文の見抜き方からいきましょう。to 不定詞に 3 用法（名詞的用法・形容詞的用法・副詞的用法）があるのは有名ですが、実は "-ing" も 3 用法という視点でまとめることができるのです。

-ing の 3 用法

-ing が名詞の働き → 動名詞	※動詞の名詞化というシンプルな名前
-ing が形容詞の働き → 分詞	※動詞の形容詞化
-ing が副詞の働き → 分詞構文	※動詞の副詞化

　「動名詞」はわかりやすい名前なので、それにならって、-ing が形容詞の働きをするなら「動形詞」とでも呼べばいいのですが、文法の世界で

は「分詞」なんて名前がつけられてしまいました。さらに、副詞の働きなら「動副詞」にすればわかりやすいのですが、「分詞構文」なんて名づけられてしまったのです。

　ただしみなさんだけは**「分詞構文って結局は"動副詞"でしょ」と考えればいい**のです。副詞は「余分な要素」なので、主節（SV）がちゃんと存在して、その前後や間に割り込む -ing のカタマリを見つけたら、それを分詞構文と考えれば OK です。

▷ 分詞構文が生まれる過程
分詞構文の成り立ち3ステップ

① 接続詞を消す
② 主語も消す（主節の主語と同じ場合）　※もし主語が違うなら「そのまま残す」
③ 動詞を分詞（-ing）に変える　　　　　※ Being の場合は省略可能

※接続詞を含まないほうの SV が「主節」、含むほうは「従属節」ですね（58 ページ）。

　この書き換えは有名なので必ず習いますが、ここで大事なのは、決して「元の接続詞が何なのか」ではなく、この書き換えを通して**「分詞構文は副詞のカタマリ」**だと意識することです。

☑ -ing で始まる分詞構文

When she saw me, she ran away.　※接続詞と主語を消去

　　　↓　※動詞 saw を分詞（seeing）に変える

Seeing me, she ran away.　「俺を見て、彼女は逃げた」

※ Seeing me というカタマリは、動詞 ran away を修飾（動詞を修飾するのは副詞）

　副詞節（When 〜）が分詞構文（Seeing 〜）に変化しましたが、結局は Seeing me は「副詞のカタマリ」だとわかります。

☑ **p.p. で始まる分詞構文** ※接続詞（Because）と主語（it）を消去

Because it is written in simple English, this book is good for 〜.

　　　↓※ is written を分詞（being written）に変え、being を省略

{Being} Written in simple English, this book is good for high school students.

「簡単な英語で書かれているので、この本は高校生に向いている」

　受動態の場合、「be 動詞を being に変える」のですが、実際には being は省略されるのが普通です。いきなり過去分詞から文が始まっても分詞構文だということは明白なので、being はほぼ 100％省略されます。

　以上、分詞構文は単に「分詞を使って文をつなげたもの」で、見抜くポイントは「-ing が副詞の働きをする（余分な要素になる）」です。

分詞構文の「意味」

▷ 分詞構文は適当

　「あえて接続詞を使わない」のが分詞構文のポリシーなので、**意味も「軽く・適当につなげる」感覚**で十分です。信じられないかもしれませんが、分詞構文の本質は「適当」と言えます。「なんとなく前後の文脈からつないでみる」感じなのです。そもそもネイティブがあえて接続詞を消したということは、言ってみれば「接続詞にこだわんないで OK！」というチャラさがあるのです。もし「理由」を強調したければ because を使い、「時」を強調したければ when を使います。あえて使ってないものを無理に我々が復元するなんてナンセンスですよね。

▷ 分詞構文の意味は「位置」で決まる

　分詞構文は「適当」に考えれば大半の英文に対応できますが、万全を期して厳密に考えていきたいと思います。まずは従来教えられてきた内容を確認してみましょう。この訳し方を丸暗記する必要はありません。

※分詞構文が出てくるたびに「どの訳し方を当てはめればいいかな？」なんて思っていては、読むのが遅くなりますし、ニュースにはついていけません。

参考 **分詞構文のいろいろな訳し方**

> 時「〜する時・〜して」／原因・理由「〜なので」／条件「もし〜すれば」
> ／譲歩「〜だけれども」／付帯状況「そして〜・〜しながら」

　実は分詞構文の意味は「位置」である程度決まってきます。分詞構文は「副詞のカタマリ」なので、その位置は「どこでも（文頭・文中・文末）OK」です。そして、分詞構文の意味は「その位置によって決まる」のです。**「前・真ん中にある場合は適当」**で、**「後ろにきた場合は『そして・しながら』という意味になる」**ことだけを知っておけば完璧です。

分詞構文の「意味」

> ① 文頭　-ing 〜 , S V.　→ 適当な意味
> ② 文中　S, -ing 〜 , V.　→ 適当な意味　※主語の説明になることが多い
> ③ 文末　S V(,) -ing 〜 .　→「そして〜・〜しながら」

☑ **①②分詞構文（-ing）が「前・真ん中」にある場合**

　分詞構文と主節の意味を考えて自分で「適当」に訳してOKです。もちろん「いい加減」という意味の「適当」ではなく、2つの文の関係を意識して、「その場で適切に考えればいい」という意味での「適当」です。手っ取り早い方法としては、**分詞構文を「て」か「で」で訳してみてください。**「…し<u>て</u>、SVだ」「…<u>で</u>、SVだ」と考えると大半の意味がとれるのです。

　たとえば「目が覚め<u>て</u>、病室にいると気づいた」は別にハッキリと「目が覚めた<u>とき</u>」と表してはいませんが、十分に通じますね。「転ん<u>で</u>、ケガをした」もハッキリと「転んだ<u>から</u>」と表してはいませんが意味は

通じますね。ここで「その『て・で』は、『時』なの、それとも『理由』なの？」と聞かれても「そこにはこだわらないでよ」という気持ちになりますが、分詞構文もそんな感覚なのです。

Feeling sleepy, he took a nap.
眠くなって、彼は昼寝をした。

「て」で十分に通じますが、もちろん「眠くなったので」でも OK です。

The floor, made of concrete, is very hard.
その床は、コンクリートでできていて、とても硬い。

☑ 分詞構文（-ing）が「後ろ」にある場合

　分詞構文が後ろにきた場合だけはちょっと注意が必要で、「そして〜／〜しながら」という意味を使うとズバリとハマることを知っておくと便利です。**「SV だ。そして・・・だ」「・・・しながら、SV だ」**となります。

　ちなみに大半の英文で、この 2 つの訳語のどちらでも意味が通ります。ですから、まずは「そして〜」で考えてみて（前から意味をとれるので簡単）、それで不自然なときに「〜しながら」に切り替えれば OK です。

The boy sat on the grass, looking at the bird.
その男の子は芝生の上に座って、（そして）その鳥を見た。
その男の子はその鳥を見ながら、芝生の上に座った。

　この文の分詞構文は「そして」でも「しながら」でも OK です。ちなみにみなさんが持っている文法書があれば、訳し方のところをチェックしてみてください。「色々な訳し方がある」と説明しながらも、「時・原因・理由・条件・譲歩の意味」と書かれている例文では分詞構文が「前にある」はずです。そして「付帯状況（そして・しながら）」と書かれている例文では分詞構文が「後ろ」にあると思います。これはまさに「位

置で意味が決まる」と考えることができるわけです。

分詞構文のバリエーション（否定形／完了形／意味上の主語）

≫ 分詞構文の否定形（not -ing）

分詞構文の否定形　　※分詞構文の動作を否定するとき

> 形：**not -ing**　　※ not は -ing の前（be 動詞の場合も **not being** になる）

> **Not knowing what to do, I went to him for advice.**
> どうしていいかわからなかったので、アドバイスを求めて彼のところ
> へ行った。

≫ 分詞構文の完了形（having p.p.）

　分詞構文そのものに時制はありません（-ing という形では「いつのことなのか」わかりませんよね）。そこで「分詞構文は主節の時制と同じ」と考えるのですが、もし**主節と違う場合（１つ前の時制を表したいとき）は、単なる -ing ではなく、have + p.p. の形**にします。

分詞構文の「時制」　　※常に主節と比べて判断する

> 時制が主節と「同じ」→ **-ing** のまま
> 主節より「１つ前」　　→ **having + p.p.**

> **Having lived in Singapore, he knows the country well.**
> シンガポールに住んでいたので、彼はその国をよく知っている。

　ただし、時制のズレがあっても文脈から明らかな場合は、普通の形（-ing や p.p.）だけで使われることもよくあります。ネイティブとしても having + p.p. の形が煩わしいのでしょう。ここまで何度も説明した通り、「分詞構文は適当」というイメージがここでも通用するわけです。

	不定詞	動名詞	分詞構文
意味上の主語（There is の場合）	for 人 to 〜 〔for there to be〕	所有格 -ing 目的格 -ing 〔there being〕	S -ing 〔There being 〜, SV〕
否定形	not to 〜	not -ing	not -ing
完了形	to have p.p.	having p.p.	having p.p.
受動態	to be p.p	being p.p.	{being} p.p. ※ being は省略するのが普通

分詞構文を使った慣用表現

　分詞構文の決まり文句はたくさんあるので、本書ではグループ化してじっくりチェックしていきます。会話でも頻繁に使われますよ。

≫ 分詞構文の慣用表現

(1) 判断・発言系統

> frankly speaking「率直に言えば」／generally speaking「一般的に言えば」／strictly speaking「厳密に言えば」／speaking of 〜・talking of 〜「〜と言えば」／judging from 〜「〜から判断すると」／taking 〜 into consideration「〜を考慮すると」／compared with[to] 〜「〜と比べると」

Frankly speaking, I don't want to go out with him.

率直に言って、私は彼とは付き合いたくないの。

※ go out with 〜「〜と一緒に外に出かける」→「〜と付き合う」

(2) 前置詞・接続詞の働きをするもの

> according to ~「~によれば」／during ~「~の間」／including ~「~を含めて」／concerning ~・regarding ~「~に関して」／owing to ~「~が原因で」／given ~「~を考慮すると」

ここにある語句は、辞書では「前置詞」と分類されていますが、本来はすべて分詞構文なので、ここでまとめてみました。

> **According to the weather forecast, a typhoon is coming.**
> 天気予報によると、台風がやってくるとのことです。

(3) 意味上の主語がくっついたもの

> weather permitting「天気が良ければ」※「天気が許可（permit）すれば」／{all} other things being equal「他の条件が同じならば」／such being the case「そういうわけで」※直訳「そういうこと（such）が真実（the case）で」／all things considered「すべてを考慮すると」※considering all things でも OK

どれも決まり文句として覚えてもいいのですが、できれば仕組みまで理解しておくと忘れにくくなります。分詞構文（-ing・p.p.）の直前にくっついた名詞（weather など）は分詞構文の「意味上の主語」と呼ばれるもので、「分詞構文の主語と主節の主語が違うとき」に、名詞がそのまま残る（-ing・p.p. の前にくっつく）わけです。

> **All things considered, he did his best.**
> すべてのことを考えると、彼は全力を尽くした。

これは All things {being} considered, he did his best. という分詞構文で、「すべてのことが（All things）考慮されて（considered）」→「すべてを考慮すると」となったものです。

※ほとんどの慣用表現は「意味上の主語ナシ」で使われるのですが、この（3）は意味上の主語を残したまま決まり文句になったものです。

入試問題に向けて

空所に適するものを選びましょう。

（1）疲れていたので、彼は早く寝た。

( ) tired, he went to bed early.

① Feeling　　② Felt

（2）遠くから見ると、その岩は雲のように見える。

( ) from a distance, the rock looks like a cloud.

① Seeing　　② Seen

（3）その話題については、もう話し合わなかった。

( ) that topic, they did not discuss it any more.

① Concern　　② Concerning

(1) ①

解説：英文全体が "(　　) ～, SV" という形で、選択肢に -ing と p.p. がある場合、分詞構文の問題と判断して、主節の主語と空所の関係を考えます。今回は主節の主語が he で、「he が feel する」という能動関係が適切なので、① Feeling が正解です。「能動関係（～する）」なら -ing、「受動関係（～される）」なら p.p. を選びます。

(2) ②

解説：主節の主語 the rock と空所の関係を考えます。「the rock は see される（見られる）」という受動関係なので、② Seen が正解です。日本文の「遠くから見ると」につられて、① Seeing にひっかからないように注意しましょう。

(3) ②

解説：日本文「～については」に注目して、② Concerning ～「～に関して」を選びます。ちなみに、後半は not ～ any more「もう～ない」の形です。

16

分詞構文

空所に適するものを選びなさい。

(1)

(　　) from above, the people on the ground looked like ants.

① Have seen　　② Seeing　　③ Seen　　④ To see

（東洋英和女学院大学）

(2)

Not (　　) attention, Janet picked up the wrong key.

① to pay　　② pay　　③ paying　　④ paid

（青山学院大学）

(3) 美しい鳥の声にうっとりと誘われて、私は森の中に入っていきました。

(　　) with the sweet music of birds, I walked into the woods.

① Charmed　　② To be charmed

③ Charming　　④ To charm

（中央大学）

(4)

I will climb Mt. Fuji tomorrow morning, weather (　　).

① permits　　② permitted　　③ permitting　　④ will permit

（武蔵大学）

(1) ③

解説："(　　)〜, SV" の形から、分詞構文の問題と判断します。主節の主語 the people と空所の関係を考えると、「people が上から see される（見られる）」という受動関係が適切です。よって、p.p. の③ Seen が正解となります。今回の Seen from 〜, SV.「〜から見られると（見ると）、SV だ」の形は文法問題で超頻出です。

和訳：上から見ると、地上の人々はアリのように見えた。

(2) ③

解説：コンマ後に SV が続いているので、コンマ前までは「副詞のカタマリ」→「分詞構文」になると考えます（選択肢に -ing と p.p. があります）。主節の主語 Janet と空所の関係は「Janet が注意を払う」という能動関係なので、③ paying が正解です。分詞構文の否定形で、"not -ing" の形になります。

和訳：注意を払っていなかったので、ジャネットは間違った鍵を手にした。

(3) ①

解説：分詞構文の問題と判断し、主節の主語 I と空所の関係を考えます。charm は「魅了する」という意味で、今回は「私が魅了される」という受動関係が適切なので、① Charmed が正解です。Charmed with[by] 〜「〜に魅了されて・うっとりと誘われて」となります。今回のように分詞構文は「感情動詞」（217 ページ）とセットで狙われることもよくあるのです。

(4) ③

解説：〜, weather (　　) の形に注目して、③ permitting を選びます。weather permitting「天気が良ければ」という分詞構文の慣用表現です。weather が分詞構文の意味上の主語で、「天気が許可（permit）すれば」→「天気が許せば・天気が良ければ」となりました。

和訳：天気が許せば、明日の朝には富士山に登っているだろう。

16

分詞構文

受動態

イントロダクション

実は勘違いだらけの受動態

受動態はあまり難しい印象がないと感じるかもしれませんが、ものすごく勘違いが多い単元なんです。とはいえ、入試での出題パターンも決まっているので、勘違いさえ直せば簡単に得点源になります。本書では「受動態が使われる理由」からしっかり解説していきます。

中学英語との違い

中学までは be + p.p. を「〜される」と訳すだけで対応できることがありますが、大学入試の長文では不自然な訳になってしまうことが多いです。また、受動態の色々な形（バリエーション）が増えるので、それを1つずつしっかり対処していくことが求められます。

核心 **受動態は「訳し方」より「形」を意識する**

受動態（be + p.p.）の基本

▷ 受動態の文をつくる

これまでに学んだ英文の多くは「〜する」と訳すことができ、このような文を能動態と呼びます。この能動態を「受動態（〜される）」に書き換える手順を確認してみましょう。

受動態に書き換える3ステップ　　※主語は S、目的語は O で表します。

① O を前に出す（O を S にする）
② V を受動態の形（be + p.p.）に変える
③ 能動態の文の S を "by 〜" にして文末にくっつける

能動態　Mr. Nakano　teaches　English.

「中野先生は英語を教えています」

受動態　English　is taught　by Mr. Nakano.

「英語は中野先生が教えます」

※直訳は「英語は中野先生によって教えられます」ですが、なぜ上のように「教えます」と訳していいのかは後ほど説明します。

▷ 受動態の後に名詞はこない

×）**I was stolen my bag.** というこの英文、なんとなく「私はカバンを盗まれた」と訳せてしまえそうですよね。でもこの形はとんでもない間違いなのです。そもそも他動詞 steal は "steal 物" の形が基本で、受動態は " 物 is stolen." の形になるはずです。上の文のように、人 is stolen. はありえない形で、正しくは次のようになります。

> **My bag was stolen.**
> 私のカバンが盗まれました。
> ※ I を主語に、I had my bag stolen. も OK（これは受動態ではなく使役動詞を使用）

　また、さっきの間違った文（I was stolen my bag.）には、前半（I was stolen）だけでなく後半にも大きなミスがあります。was stolen の後ろに名詞 my bag がきてはいけないのです。be + p.p. の後に名詞がくっつくことはミスなのです（一部例外はありますが、今は気にしなくて大丈夫）。

▷ 受動態の色々な形
☑ 助動詞がつく場合　　助動詞 be + p.p.
> **My phone must be broken.**
> 僕の電話（スマホ）は壊れているに違いない。
> ※「スマホ」でも phone だけで表せる。

☑ 完了形　　have been p.p.
> **My flight has been canceled due to the fog.**
> 僕のフライトは霧のせいで欠航になった。　　※ due to ～「～が原因で」

☑ 進行形　　be being p.p.
> **My phone is being repaired now.**
> 僕の電話（スマホ）は今修理されているところだ。

　ちなみに、受動態の進行形（be being p.p.）は以下のようなイメージを持つといいでしょう。

　　　be　　│p.p.│
　　　↓　　　↓　　　※ be が be -ing になる／p.p. はそのまま！
　be being　│p.p.│

英語では「左にある要素」で時制を示すのが暗黙の了解です。たとえば have p.p. なら時制は（左にある）have で示されますね。同じように be being p.p. では、まず be being で時制（進行形）を示すので、進行形（be -ing）が先（左）にくるわけです。

※この話、よくわからなければスルーして OK です。

受動態が使われる理由

▷ 受動態を使う 2 大理由

　「受動態を使う理由」が入試で問われることはないのですが、これを知っておくと英文の意味がよりリアルに理解できるようになります。

受動態を使う「本当の理由」

① S を言いたくない！　　　　※ by 〜 を使わない
② S ⇔ O の位置を変えたい！　　※ by 〜 を使う

　英語では（命令文を除いて）主語から文を始めますが、ときには「主語を言いたくない・言いづらい」場面もあります。**勝手に主語を省略するわけにはいかないので、そんなときに受動態を使う**のです。受動態にした後に、by 〜 を省略すれば主語を消すことが可能になります。だから受動態は「by を伴わない」文のほうが圧倒的に多いのです。

　まず「① S を言いたくない！」についてですが、言いたくない理由は様々（「わかりきっている」「わからない」「隠したい」など）です。たとえば、Eggs are sold at that store.「あの店では卵が売られています」では、主語は「店員」で、「わかりきっている」ので言う必要がないのです。

　次に「② S ⇔ O の位置を変えたい！」についてですが、代表格は follow を使った受動態です。follow は「（先行するものを）追いかける」という意味で、" 後の出来事 follow 先の出来事 ." の形が基本です。follow を矢印（←）に置き換えると "S ← O" となりますが、英文は左から右に読むのに、実際の順序は「後」が先に出てくる…… これが面倒な

わけです。これを出来事が起こった順にスッキリと伝えるために受動態にすると、" 先の出来事 is followed by 後の出来事 ." という形になるのです。

> **The lecture was followed by a question-and-answer session.**
> 講義の後には質疑応答がありました。

≫ 受動態は無理に「〜される」と訳す必要はない

このような理由で受動態が使われるのであって、決して「〜される」という意味を強調したいわけではないのです。ですから日本語に訳すときも「〜される」にこだわると不自然になることもよくあります。下線部和訳問題で「〜される」と訳すと不自然な場合、自信を持って「〜する」と答案に書いて OK です（過去問などの模範解答でも「be + p.p. を能動（〜する）で訳している」ことが頻繁にあります）。

> **This book was written by him in 2022.**
> この本は 2022 年に彼が書いたものです。

直訳は「この本は 2022 年に彼によって書かれました」ですが、上のように「彼が書いた」と訳していいのです。

※中学のテストでは「書かれた」と受動態っぽく訳さないと試験で点をもらえないと聞いたことがありますが、大学入試でそんなことはないのでご安心を。

熟語を使った受動態

≫「熟語動詞」の受動態

speak to 〜「〜に話しかける」のような熟語は「1 つの動詞」として扱うことで、SVO の文と考えることができます。こう考えると「O が発生する」ため、受動態の文に変えることができます。あくまで speak to 〜 で 1 つの動詞扱いなので、受動態は be spoken to「話しかけられる」

になる（to を残す）のがポイントです。

A policeman spoke to Jun .「警察官はジュンに声をかけた」
　　　S　　　　V　　　O

Jun was spoken to by a policeman .

「ジュンは警察官に声をかけられた」

×）Jun was spoken by a policeman.

　「to が残るのが変」とか「to by のつながりが変」だと思って、to を消してしまってはいけません。speak to ～「～に話しかける」で1つの動詞扱いなので、「to を消す」のは「動詞の綴りを勝手に変えてしまう」くらいメチャクチャなことだからです。

≫ 入試に出る受動態の「熟語」は決まっている

　speak to のように1つの動詞だと考える熟語は無数にありますが、受動態の問題で狙われるものは限られているので、事前にチェックしておきましょう。

受動態の形でよく出題される「熟語」

①2語の熟語：speak to ～「～に話しかける」／laugh at ～「～を笑う」／run over ～「（車が）～をひく」／hear from ～「～から便りがある」／put off ～「～を延期する」／call off ～「～を中止する」／throw away ～「～を捨てる」／bring up ～「～を育てる」／bring about ～「～を生じさせる」
②3語以上の熟語：look up to ～「～を尊敬する」／look down on ～「～を軽蔑する」／do away with ～「～を廃止する」／take care of ～「～を世話する（=look after ～）」／make fun[a fool] of ～「～をからかう」

Nadia was laughed at by her classmates.
ナディアはクラスメイトに笑われました。　　※laugh at で1つの動詞と考える

疑問詞と受動態

≫ Who ～ by? の形

Who was Emma spoken to by?
エマはだれに話しかけられたのですか？

　この英文の構造を元の形から考えていきましょう。Emma was spoken to by Kaito.「エマはカイトに話しかけられた」を疑問文にするところから解説します。

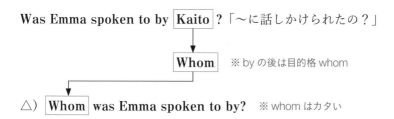

Was Emma spoken to by Kaito ?「〜に話しかけられたの？」

Whom　※ by の後は目的格 whom

△） Whom was Emma spoken to by?　※ whom はカタい

　by の後ろなので本来ならば目的格（whom）が使われます。ただし、Whom ～ by? の形は現代英語ではカタい表現とみなされていて、Whom を（よく使う）Who で代用したのが最初の英文です。

≫ What is S called? の形

　What is S called?「S は何と呼ばれていますか？」という形も重要です。元々call OC「O を C と呼ぶ」で、その受動態が S is called C です。そこから C が what になって先頭に出ると、What is S called? という形ができあがります。

What is this fruit called in English?
この果物は英語で何と呼ばれていますか？

　call this fruit X「この果物を X と呼ぶ」の受動態は、This fruit is

called X.「この果物は X と呼ばれる」です。ここから X → what になって、what が文頭に出ると上の文になるのです。

「第5文型（SVOC）」の受動態

▷ C の形には2パターンある

SVOC を受動態にするときは（当然、O を前に出すわけですが）、C は「そのまま残す」パターンと、「形を変える」パターンに分かれます。

> ① そのまま残す：C に原形以外（名詞・to 不定詞・分詞など）がきたとき
> ② 形を変える：C に「原形」がきたとき　　※原形→ to 不定詞に変える

①そのまま残す（C に原形以外がきたとき）

SVOC の O が前に出て受動態になります。その際、C はそのまま残ります。たとえば、call OC「O を C と呼ぶ」の受動態は、S is called C. です。

能動態：People call Kohei the "King of Gymnastics."
受動態：Kohei is called the "King of Gymnastics." ※ by people は省略
　　　　　「コウヘイは〈体操界のキング〉と呼ばれている」

②形を変える（C に原形がきたとき）

※ C に原形がくるのは「使役・知覚動詞」

C に動詞の原形がきた場合は「原形→ to 不定詞に変える」という特別ルールが発動されます。原形を（そのまま残すのではなく）to ～ に変えるだけで、決して難しくはないのですが、ミスする高校生がすごく多いので、詳しく説明していきます。まず SVOC において、OC は s'v' の関係になります（89 ページ）。これはある意味、SVOC の英文に2つの SV のペアが存在するイメージなのです。

They made Nancy $\boxed{\text{work}}$ **on Sunday.**「彼らはナンシーを日曜に働かせた」
 S   V   s'   v'
（SV のペア）（s'v' のペア）

　この文では 2 組のペアが仲良く共存しています。ところが受動態にするときは Nancy を先頭に持っていかれてしまうので、仲の良いペアが崩れるわけです。

　　　They made Nancy $\boxed{\text{work}}$ **on Sunday.**

　　　　　　　　　　　↓ もし原形のまま残したら……

×）**Nancy was made** $\boxed{\text{work}}$ **on Sunday.**

　　　S　　　V　　　　V が余る……

　新しいペア成立！　こっちは V がひとりぼっち……

　Nancy と was made で新たなペアになりましたが、work は相方を奪われてしまいます。このまま原形（work）の形で was made の後ろに残ると動詞が 2 つ連続してしまいます（英語ではありえない形になる）。

　そこで、相方を失い行き場を失った動詞 work は、動詞ではなく準動詞（to 不定詞）に成り下がるしかありません。準動詞（to 不定詞・動名詞・分詞）は「動詞に準じたもの」であって、決して純粋な動詞ではないので、述語動詞の直後にくっつけることができます。たとえば、×）I like sing. は NG ですが、◎）I like to sing. なら OK ですよね。

×）**Nancy was made** $\boxed{\text{work}}$ **on Sunday.**

　　　　　　　　　　　↓ 原形が to 不定詞になる

◎）**Nancy was made** $\boxed{\text{to work}}$ **on Sunday.**

　「ナンシーは日曜に働かざるをえなかった」　　※「働くことを強制された」

> **補足**　**「原形がきたとき」だけ注意する**

　C に「原形」以外の to 不定詞や分詞（-ing・p.p.）がきたときは、「そのまま残す」だけです（245 ページの①のパターン）。

They saw her dancing.「彼らは彼女がダンスをしているのを見た」

↓ -ing のままで OK

→ She was seen dancing.「彼女はダンスをしているのを見られた」

　次の文は、tell 人 to ～「人に～するように言う」が受動態になった
ものです。C に to ～ がきていますが、これを原形にする必要はありま
せん。単純に、be told to ～「～するように言われる」となります。

| **The students were told to study harder.**
生徒たちは、もっと一生懸命に勉強するように言われた。

---

by を使わない受動態（熟語になっているもの）

　受動態の動作主には by を使うのが基本ですが、他の前置詞を使った表
現もあり、熟語化しています。入試にもよく出るので、しっかりチェッ
クしておきましょう。

(1) 感情系

> be interested in ～「～に興味を持っている」／be surprised at ～「～
> に驚く」／be excited at ～「～にワクワクする」／be pleased with ～
> 「～を気に入っている」／be satisfied with ～「～に満足している」

※英語では感情表現が受動態になるので、前置詞だけでなく受動態になっていることもし
っかりと意識してください（217 ページ）。

| **My teacher was pleased with my book report.**
先生は、私の読書感想文に満足しました。　　　※ book report「読書感想文」

(2) 覆う系　　※道具の with「～を使って」

> be covered with ～「～で覆われている」／be filled with ～「～でいっ
> ぱいである」／be crowded with ～「～で混んでいる」

その他の重要単元　247

Rush hour trains in Tokyo are always crowded with people.
東京のラッシュアワーの電車は、いつも人で混み合っています。

(3) 材料・原料系

> **be made of** 材料 「～でつくられている」 ※「材料」とは何からつくられているか目で見てわかるようなもの／**be made from** 原料 「～でつくられている」 ※「原料」は目ではわからないものや、状態変化を伴うもの（固体→液体など）／**be made into** ～ 「～になる」 ※状態変化の into「～の状態に入る」

※ただし、of と from の違いを問う入試問題の出題は減ってきています。

The third little pig's house was made of bricks.
３番目に登場したこぶたの家はレンガでつくられていました。
※「３匹のこぶた」の話／brick「レンガ」

(4) be known の 3 パターン

> **be known to** ～ 「～に知られている」／**be known for** ～ 「～で知られている」 ※「理由」の for／**be known as** ～ 「～として知られている」

Hiroshima is known for its oysters.
広島は牡蠣で有名だ。　　※ oyster「牡蠣（カキ）」

空所に適するものを選びましょう。

(1) 日本文化に関するたくさんの本が出版されました。

Many books on Japanese culture have (　　).

① been published　　② published

(2) 彼はその文書に署名をさせられた。

He was made (　　) his name to the document.

① sign　　② to sign

(3) 平田先生は生徒全員から尊敬されている。

Mr. Hirata (　　) by every student.

① is looked up　　② is looked up to

解 答

(1) ①

解説：日本文「出版されました」と空所直前の have に注目して、完了形＋受動態（have been p.p.）を考えます。ちなみに、ここでの on は「接触」→「意識の接触（〜について）」を表しています。

(2) ②

解説：空所直前の was made に注目です。make 人 原形「人に〜させる」の受動態で、" 人 is made to 原形 "とします。

(3) ②

解説：日本語訳「尊敬されている」に注目します。「〜を尊敬する」は look up to 〜 なので、それを受動態にした② is looked up to が正解です。あくまで look up to で 1 つの動詞扱いですから、勝手に to を省略してはいけません。

空所に適するものを選びなさい。

(1)

The illustration will not (　　) in the book.

① include　　② be including　　③ be included　　④ included

（国士舘大学）

(2)

There are fifty computers in this room, and most of them (　　) now.

① have used　　　　② are used to

③ are being used　　④ are using

（東京経済大学）

(3) 次の2つの英文が同じ意味になるように、空所（　　）に適当な英語を入れて、英文を完成させなさい。

He made her rewrite the essay.

She (　　　　　　　　) the essay by him.

（福岡大学）

(1) ③

解説：「挿絵は本に含まれない」という受動関係が適切なので、③ be included を選びます。助動詞 + 受動態（will be p.p.）の形です。日本語訳から考えた人が大半だと思いますが、in the book は副詞のカタマリで「空所直後に名詞がない」→「受動態」と考えることもできます。他動詞 include の直後には目的語（名詞）が必要ですね。

和訳：その挿絵は本の中に入りません。

(2) ③

解説：「パソコンのほとんどが使用されている」という受動関係が適切なので、③ are being used を選びます。進行形 + 受動態（be being p.p.）の形です。今回も「空所直後に名詞がない」→「受動態」と考えられます（now は副詞）。

和訳：この部屋には 50 台のパソコンがあります。そのほとんどが今使用中です。

(3) **was made to rewrite**

解説：上の文は make OC「O に C させる」の形です。これを受動態にするわけですが、SVOC の C に「原形」がきたときは、「原形 → to 不定詞に変える」必要があります。よって、She was made to rewrite 〜 とすれば OK です。make 人 原形「人に〜させる」の受動態で、"人 is made to 原形" となります。

和訳：彼は彼女にその論文を書き直させた。
　　　　彼女は彼にその論文を書き直させられた。

イントロダクション

英語嫌いを増やす「クジラ」の構文

すでに高校英語の比較を習った人は、次の文で比較が一気にキライになったかもしれません。

A whale is no more a fish than a horse is.
クジラが魚じゃないのは、馬が魚じゃないのと同じだ。

英文の構造も、和訳も意味不明に思うかもしれません。これは昔からある有名な英文で、何十年も日本人を苦しめてきた「クジラの構文」と呼ばれるものですが、こんな英文も、この本オリジナルの解法を使って簡単に理解できるようになります。

中学英語との違い

中学では「as ～ as で挟む／比較級には -er をつける／最上級は the -est にする」などを習ったでしょう。基本はこれで OK ですが、高校範囲では、より細かいことが出てきたり、精密さ・厳密さが求められることがあります。ただ、他の単元と比べても深みがなく、難しくもないので応用問題がつくりづらく、普通に学んでいけば確実に入試問題が解けるようになります。

原級（as 〜 as）

≫ as 〜 as で「まとめて」挟む

　2つのものを比べて「同じくらい」と言いたいときは、**as 〜 as ...「…と同じくらい〜だ」**を使います。形容詞・副詞を as 〜 as で挟みます。

> **My cat is as cute as hers.**
> ウチのネコは彼女のネコと同じくらいかわいいんだよ。
> ※ hers=her cat

　このように1つの単語を挟む文は問題ないでしょうが、入試では「many[much] ＋名詞をまとめて挟む」パターンが出てきます。つい many[much] だけを挟みがちなのですが、**「まとめて挟む」というのがポイントで、"as many[much] ＋ 名詞 as" の形**になります。

> **This book has as many pages as that one.**
> この本はあの本と同じくらいページ数がありますよ。

　as many as にしてしまうと、×) as many as <u>pages</u> <u>that one</u> となり、下線部で名詞が2つ並んでしまいます。元の文は This book has many pages. で、そこから many pages を丸ごと挟むわけです。

≫ not as 〜 as を「同じじゃない」とは訳さない！

　as 〜 as の否定文（not as 〜 as）はそのまま考えれば「同じじゃない」になりそうですが、必ず**「…ほど〜じゃない」という「差を出す」訳し方**をしてください。「同じじゃない」では大小関係がハッキリしません

が、not as 〜 as はハッキリと「…ほど〜ではない」と差を表します。

not as 〜 as ... の意味

×)「…と同じじゃない」 ※ " ≠ " では訳さない！
◎)「…ほど〜じゃない」 ※ "<" になる！

> **Kai's dog is not as big as Minami's dog.**
> カイのイヌは、ミナミのイヌほど大きくない。

≫ as 〜 as などを使った慣用表現

as 〜 as などを使った慣用表現

as 〜 as possible・as 〜 as 人 can「できるだけ〜」
not so much A as B「A というよりむしろ B」

> **The dog jumped as high as he could, but he could not reach the dog food on the counter.**
> その犬はできるだけ高く跳んだが、カウンターのドッグフードには届かなかった。
> ※ he は the dog を指す

　as 〜 as の否定は not as 〜 as の他に、not so 〜 as という形もあります。現代英語ではほとんど使われませんが、決まり文句の中ではそのままの形で残っているものがあります。

> **She is not so much a singer as a dancer.**
> あの子は歌手というより、むしろダンサーだよ。

　直訳「B ほど（as B）十分に A（so much A）ではない（not）」を前から訳すと、「A というよりむしろ B」です。not so 〜 as の形なので、結局は "A < B" を意識すれば OK です。

▷ 倍数表現

「○倍」を表すときは、**as 〜 as の直前に「○倍」という語句を置く**だけです。たとえば「3倍」なら、three times as 〜 as とします。「2倍」のときは twice as 〜 as とします。

倍数表現の形

> 形：X times as 〜 as A 「A の X 倍〜だ」　※ X times「X 倍」
> 倍数の特殊な示し方：**twice**「2倍」／**half**「半分（2分の1倍）」

Canada is about 26 times as large as Japan.
カナダは日本の約26倍大きい。

as 〜 as の前に 26 times「26倍」を置き、さらに about「約」がついた形です。

(▶) 発展　X times the 名詞 of ...「…の X 倍 名詞 だ」という言い方

She has twice as many DVDs as I do.

= She has twice the number of DVDs that I have.

「彼女は私の2倍の（枚数の）DVD を持っています」

※2文目の that は関係代名詞／the の位置に注意（X times が the 名詞 of ... をまとめて修飾する感じ）

比較級（-er・more 〜）

▷ 比較級・最上級をつくるときの注意（規則変化）

比較級と最上級（3つ以上の比較）の変化は、-er・-est をつけるのが原則です。easy-easier–easiest のように「語尾が"子音 + y"なら、y → i に変えて -er・-est をつける」のと、「子音を2つ書くもの（big-bigger–biggest／hot-hotter–hottest）」に注意してください。

また、長い単語には直前に more・most をつけます。厳密には細かいルールがありますが、比較級での「長い単語」は「綴り6字以上」と考えるとラクです。「famous は 6 文字」→「長いので more・most をつける」と考えれば解決します。

ここでの例外（6 字以上なのに -er・-est をつける）で大事なのは pretty-prettier-prettiest と strong-stronger-strongest です。

▷ 不規則変化する基本単語

不規則変化する単語　　※形そのものがまるで変わってしまうもの

原級	比較級	最上級
good「良い」 well「上手に・よく」	better	best
many・much「たくさんの」	more	most
little「小さい・少ない」	less ※詳しくは 257 ページ	least
bad「悪い」／badly「悪く・ひどく」	worse	worst

more・most の 2 種類の働きを混同しないように注意してください。

more・most の整理

☑長い単語を比較級・最上級にする　例：more famous（← famous）
☑many・much の比較級・最上級　例：more books（← many books）

▷ less の2つの意味

(1)「より少ない」という意味の less

Nancy has less money than Kate.

ナンシーの所持金はケイトより少ない。

※直訳「ナンシーは、ケイトよりも少ないお金を持っている（お金を少なく持っている）」

(2)「より～でなく」という意味の less

less を「**否定（not のイメージ）」で考える**ときもあります。less は more の逆と考えてもいいでしょう。

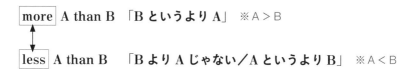

less A than B は直訳「B より A じゃない」でもいいのですが、A < B を意識して「A というより B」のように、左から右に英文を理解することができます。A is not as ～ as B と同じ関係です。

Sota is less a hard-working student than a genius.

ソウタは勤勉なのではなく、天才なんだ。

※ hard-working「勤勉な」／a hard-working student<a genius の関係

最上級（-est・most ～）

▷ 最上級の基本

3つ以上のものを比べて「一番～だ」と示すときは「最上級（the -est・the most）」を使います。また、最上級には the をつけます。「クラスで一番背が高い」といえば、誰のことなのか共通認識できるからです。

※ the については 11 ページ

Roland is the most popular boy in our school.
ローランドはウチの学校で一番モテる。

　ちなみに２番目以降の順位を表したいときは、the の直後（最上級の直前）に序数を置きます。「２番目に速い」なら the second fastest で、「３番目に高い」なら the third highest にします。長い単語の場合も Kazuki is the third most popular boy in our school.「カズキはウチの学校で３番目にモテる」となります。

▷ 最上級の「範囲」を示す

最上級の「範囲」　　of と in の使い分け

> ☑of の後ろ…複数を示す語句（数字・all・代名詞・the year など）
> ☑in の後ろ…場所・集団を示す語句（the world・family など）

　ラクな考え方は**「数字・all・代名詞・the year の場合は of で、それ以外は in」と考える**ことです。the year = twelve months なので「数字（12）があるから of を使う」と考えてもいいし、車の CM で「カー・オブ・ザ・イヤー受賞（car of the year）」と使われるので、それで覚えてもいいでしょう。

The giraffe is the tallest of all animals.
キリンはすべての動物の中で一番背が高い。　　※ all があるので of

My mother is the oldest in my family.
ウチの家族では母が最年長です。

　また、「範囲」の応用として、関係代名詞 that を使った "the 最上級 名詞 {that} I have ever p.p."「私が今まで〜した中で一番の 名詞 だ」の形もあります（もちろん I 以外でも OK）。最上級の範囲が「自分の経験の範囲内」だと示すわけです。

> This is the most exciting game that I have ever played.
> このゲームは私が今まで遊んだゲームの中で一番おもしろい。

「比較級・最上級」を使った重要表現

▷ like とセットで使う better・best

like を使った表現「〜より好き／一番好き」

> like A better[more] than B 「B より A が好き」
> like A {the} best[most] 「A が一番好き」
> Which do you like better[more], A or B? 「A と B、どっちが好き？」

> My mother likes rice better than bread.
> 母はパンよりご飯派なんです。　　※ better の代わりに more でも OK

　元々は、I like 〜 very much. です。much が比較級になるので本当なら more が正しいのですが、慣用的に better も使われるようになりました（入試では better のほうがよく出ます）。

▷ 単数形・複数形がまぎらわしい表現

単数形か複数形か？

> 比較級 than any other 単数形 「他のどの 単数形 より〜だ」
> one of the 最上級 複数形 「もっとも 複数形 の1つ／すごく〜な1つ」

> Mt. Fuji is higher than any other mountain in Japan.
> 富士山は日本のどの山よりも高い。

　単数形（mountain）になる理由は、主語 Mt. Fuji と any other mountain を「1対1で比べる」からです。any other mountain「他のどの山でもいいので1つずつ比べる」という意識から単数形になるのです。決して

「富士山 vs. 複数の他の山の合計」ではありませんね。

> **Daiki is one of the most famous singers in Japan.**
> ダイキは日本で最も有名な歌手の中の1人です。
> ダイキは日本で非常に有名な歌手です。

　"one of the 最上級 複数形" は「最も〜なうちの1つ」という訳し方が定番とされていますが、そこに無理にこだわらなくても OK です。この表現は「最上級の集団（先頭集団）に入っている1つ」だと伝えるものなので、単に「すごく〜（な1つ）」と訳せる場面も多いのです。

▷ "実質" 最上級の表現（Nothing などを主語にするパターン）

　ハッキリ「1番だ！」と言うのではなく、「誰にも負けない」のように遠回しに伝えることもあります。以下の書き換えパターンはすべて直訳で理解できます。

Nothing が主語のパターン

> **Love is <u>the most</u> important thing in life.** 「愛は人生で最も大切なものだ」
> = **<u>Nothing</u> is <u>more</u> important <u>than</u> love.** 「愛より大切なものはない」
> = **<u>Nothing</u> is <u>as</u> important <u>as</u> love.** 「愛ほど大切なものはない」

※厳密には Nothing else「愛の他に（else）何も〜でない」とするべきですが、誤解することがないので else は省略することが多いです。

No other 名詞 + 比較級・原級 のパターン

> He is the tallest boy in his class. 「彼はクラスで一番背が高い」
> = No other boy in his class is taller than he is.
> 「クラスのどの男子も彼より背が高くない」 ※ No other 単数形 is 比較級
> = No other boy in his class is as tall as he is.
> 「クラスのどの男子も彼ほど背が高くない」※ No other 単数形 is as 〜 as ...

※厳密には other「(彼の) 他の」が必要ですが、実際には誤解することがなければ other
は省略可能です。

比較級・最上級の強調

▷「差」を強調するとき

　比較級は「差がある」ことを示すわけですが、その差を強調するとき
は、**比較級の前に「差を示す語句」を置きます**。一番入試に出るのが
much なので、much の使い方を整理しておきましょう。

強調表現（very と much）の整理

	very	much
原級	very good　※普通の形	~~much good~~　※不可
比較級	~~very better~~　※不可	much better　※頻出
最上級	~~very the best~~　※不可	much the best　※ the の位置に注意
	the very best	~~the much best~~　※不可

　very と much は「仲がワルい」というイメージを持ってください。
「very がやる仕事は much はやらない、much の仕事に very は興味がな
い」という感じです。そう考えることで、very と much のうち「片方だ
け」覚えれば、残りは「very と much は仲がワルい」で解決可能となり
ます。たとえば「very good は正しい」と知っていれば「much good は
アウト」だと自分で導けます。また、「much の後は比較級」と覚えれば

「very の後に比較級はアウト」だと自力でわかります。

　また、最上級では「the の位置」に注意してください。much the best／the very best となります。

※昔のミュージシャンのベストアルバムのタイトルには "the very best of ○○ " がよく使われていました（○○にはミュージシャン名）。

> His father looks much younger than he really is.
> 彼の父親は、実際よりもうんと若く見える。

　younger の前に much を置いて、単に「本当の彼（he really is）より若く見える」ではなく、「はるかに若く見える」と強調して伝えます。

(▶) 発展　比較級を強調する語句（very・much 以外）

still／even／by far／far　※「はるかに・さらに」などと訳せば OK

> Russia is by far larger than Japan.
> ロシアは日本よりもはるかに大きい。

≫ 強調語句を使った慣用表現

「ましてや〜はなおさらだ」　※" 否定文 , much less 〜" の形で使われる

much less 〜／still less 〜／even less 〜

　この表現は熟語として扱われますが、実は「比較級 less の前に" 強調の much・still・even"を置いただけ」だとわかると丸暗記する必要がなくなります。" 否定文 , much less 〜"は直訳「…じゃない。はるかにもっと少ない〜だ」→「…じゃない。〜はなおさら〜じゃない」です。

> I cannot read German, much less speak it with fluency.

私はドイツ語が読めないし、まして流暢に話すことなどなおさらできない。

　ちなみにこの熟語に関連して、昔の問題集には much more ～／still more ～ というものが載っていましたが（僕も高校のとき暗記しました）、現代英語では使われず入試にも出ないので、もし古い本の中で見かけても無視してください。

※肯定文で「～は言うまでもなく」には、to say nothing of ～／not to mention ～ などを使えば OK です。

"the + 比較級" を使った重要表現

▷ 比較級なのに the がつく表現 3 パターン

　最上級には the をつけますが、比較級に the は不要です。ただし一部の慣用表現には「比較級なのに the を伴う」ものがあります。

the + 比較級になる表現

> the 比較級 of the two 「2 つのうちで～なほう」
> all the 比較級 for ～「～なので、その分だけますます 比較級 だ」
> The 比較級, the 比較級「～すればするほど、…だ」

Ms.Oka is the taller of the two women standing by the window.
岡さんは、窓際に立っている 2 人の女性のうち背が高いほうです。

　中学では最上級を習い、高校で the 比較級 of the two を習いますが、ここでは逆から**「2 つのときは "the 比較級 of the two" で、3 つなら "the 最上級 of the three" を使う」**と考えたほうがラクです。

２つを比べる（比較級を使う）　　　　the 比較級 of the two

３つ（以上）を比べる（最上級を使う）　the 最上級 of the three

また、「２つのうち〜なほう」といえば「どっちを指すかわかる（共通認識できる）」ので the をつけるのです。

▷ all the 比較級 for 〜 には細かい分析が必要
all the 比較級 for 〜 のポイント

① **all** は強調の役割	※強調にすぎないので省略 OK
② **the** は「その分だけ」という意味	※「指示副詞」という特殊な the
③ **for** の代わりに **because** も OK	※ because の後には sv がくる

all the 比較級 for 〜 は直訳「その分だけ 比較級 だ（all the 比較級）。どの分だけかというと〜の理由の分だけ（for）」→「〜を理由に、その分だけますます 比較級 だ」となるのです。

Ryo is all the more charming for his faults.
リョウには欠点があるからなおさら魅力的だ。
※ charming「魅力的な・愛嬌がある」

▷ The 比較級 , the 比較級 「〜すればするほど、…だ」
The more frequently you practice speaking English, the more fluent you will become.
より頻繁に英語を話すことを練習すればするほど、よりペラペラになりますよ。
※ frequently「頻繁に」／ fluent「流暢な」

you practice speaking English frequently + you will become fluent の２文から、囲みの単語 が "the 比較級" になり文頭に出たイメージです。

この文のように "The 比較級 sv, the 比較級 SV" という形が原則ですが、"主語 + 動詞" 部分は省略されたり、倒置が起きることも多いです（リズムの関係などから）。

> **The sooner, the better.**
> 早ければ早いほどよい。
> ※主語 + 動詞は省略されて、これで決まり文句として使われます。

その他の「比較級」に関連する重要表現

≫ ラテン比較級（than ではなく to をとるもの）

比較の相手を表すには than ～「～より」を使いますが、中には than ではなく **to を使う**ものがわずかにあります（この to は前置詞）。これはラテン語を起源にする単語ばかりなので「ラテン比較級」と呼ばれます。

※「ラテン語」はローマ帝国の公用語だったもので、貴族や教会など偉い人が使っていた難しい言語なので、綴りが長いものが多いのです。要はカッコつけてるんですね。

ラテン比較級の重要語

> 優劣：**be superior to ～**「～より優れた」
>   　　**be inferior to ～**「～より劣った」
> 好み：**prefer A to B**「B より A が好き」※ prefer は動詞
>   　　**be preferable to ～**「～より好ましい」
> その他：**prior to ～**「～より前に」
> 注意▶ **more** などは不要（単語自体に「より～」が含まれるので、
> ×）**more preferable** としない）／**-or** で終わるものが多い（**prefer** 以外）

※ be senior[junior] to ～「～より年上 [年下]」もありますが、実際にはほとんど使われません（senior「役職が上」、junior「役職が下」の意味でなら使われる）。

This smartphone is superior to other smartphones in design.
このスマホは他のスマホよりもデザインがいい。
※直訳「デザインにおいて優れている」

Yuri prefers coffee to tea.
ユリは紅茶よりもコーヒーを好みます。

≫ 自者比較（同じものの中で 2 つの性質を比べる）

普通の比較は「他者と比べる」わけですが、場合によっては **1 つの中で 2 つの性質を比べる**ときもあります（これを「自者比較」といいます）。この場合、more 原級 than 原級 **「〜というより…だ」**という、ちょっと変わった形が使われます。

※「（普段と違う）変な比較→変な形になる」と考えてください。

His jokes are more silly than funny.
アイツの冗談は、面白いというよりバカげている。

その他の比較級を使った慣用表現

比較級 and 比較級 「ますます 比較級 だ」／more or less 「多かれ少なかれ」／sooner or later 「遅かれ早かれ」／no longer 「もはや〜じゃない」※ not 〜 any longer の形でも OK ／比較級 than expected 「予想より 比較級 だ」／know better than to 〜 「〜しないだけの分別がある（〜するほどバカではない）」（193 ページ）

no 比較級 than 〜 の考え方

≫ no 比較級 than 〜 攻略の必殺技「矢印 2 つ」

no 比較級 than 〜 を使った表現

no more ... than A 「A と同じで、まったく…でない」
no less ... than A 「A と同じで、まったく…だ」

> **The test was no more difficult than the homework assignment.**
> そのテスト は、課題と同じくらい楽勝だった。
>
> ※ assignment「課題」

　この手の表現の攻略法として、本書オリジナルの「矢印２つ」という技を使います。

※この本は英文法と真摯に向き合うことを最優先していますが、この no 比較級 than 〜 だけはテクニックが圧倒的に便利なので、それを使います。

　no 比較級 than 〜 を見たら、no から２つの矢印を向けるようにしてください。１つは比較級に矢印、もう１つは than 〜 に矢印です。

no 比較級 than ...
①　② 　　①「逆の意味」になる　　②「〜と同じくらい」と訳す

①「逆の意味」について
　"no 比較級"は、強い否定「まったく〜ではない（むしろその逆だ）」と考えてください。no は「強烈な否定」で、「〜なんてとんでもない、むしろその逆！」という感じです。no more difficult なら「まったく難しくない」→「むしろ簡単」となるのです。

②「〜と同じくらい」について
　２つめの矢印は no から than 〜 に向けます。than は「差を表す」わけですが、**「no でその差を否定」→「差がない」→「同じくらい」**となるのです。

　　　　　　①「全然難しくない」→「むしろ超簡単」
The test was no more difficult than the homework assignment.
　　　　　　　　　　　　　②「課題と同じくらい」

以上から、この英文は「そのテストは課題と同じくらい楽勝だった」となるわけです。このように、no 比較級 than ～ は矢印を２つ向けるだけでアッサリ解決できるのです。しかもこの方法は簡単というだけでなく、「返り読みせず前から読んでいける」というメリットもあります（than ～ から返り読みする必要がない）。当然、リスニングでも活躍してくれますよ。

　また、余裕があれば、no 比較級 の部分は（感情が入った）主張で、than ～ で（誰にでもわかる）具体例を出す構造だと知っておくと、より英文の内容を深く理解できます。

The test was no more difficult than the homework assignment.
①主張「テストは超簡単」　　②具体例「課題と同じくらい」

≫「クジラの構文」も矢印２つで解決

　この発想は昔からある有名な英文 A whale is no more a fish than a horse is.「クジラが魚じゃないのは、馬が魚じゃないのと同じだ」にも使えます。

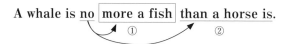

A whale is no more a fish than a horse is.
　　　　　　　　　　　①　　　　　　　②

　まず、① no more a fish は「まったく魚なんかじゃない」です。（形容詞と違って）名詞 fish に逆の発想はないので（「魚の逆」と言われても困りますよね）、ここは仕方なく「まったく魚じゃない」と訳すしかありません。② no ～ than a horse is は「馬と同じくらい」でOK です。
　この英文は「クジラは魚じゃない」と主張してから、誰もがわかる具体例として「馬は魚じゃないでしょ」と言っているのです。「クジラは決して魚なんかじゃない。その魚でない度合いは馬と同じくらいだ」→「クジラを魚類と言うなら、馬を魚類と言うのと同じ（それぐらいクジラ

と魚は（生物学上）かけ離れている）」ということを伝える文なのです。

≫ no less ... than ～ も同じ発想で攻略できる

> **Money is no less important than one's life.**
> お金はすごく大切だよ。命と同じくらいに。

今度は no less になった場合です。今までと同じように矢印を2つ向けるだけです。

①の no less important は「お金は大切じゃない（less important）ということは絶対にない（no）」という二重の否定で「すごく大切」となります。ただ、これは面倒なので、実際に英文を読むときは「no less で打ち消しあっている」ことを逆手に取って **"no less" ＝「超」** と考えれば一発で解決します。

no less important
　超　　　大切

② no ～ than one's life は「人の命と同じくらい」です。「お金は超大切。命と同じだよ」という意味です。もちろん価値観は人それぞれですが、少なくともこの英文の話し手は、まず「お金は大切」と言って、それだけだと周りから「そりゃそうだ」と言われてしまうので、「いやいや、命と同じくらい」とまで言っているわけです。「矢印2つ」の考え方で、英文の主張を正確に読み取ることができるのです。

no 比較級 than 〜 を使った熟語

▷ 熟語も「矢印2つ」で解決

no 比較級 than 〜 の形を使った熟語

> no more than 〜 「〜だけ」 = only 〜
>
> no less than 〜 「〜も（多くの）」 = as many[much] as 〜

> I have no more than 1000 yen.
> 僕は 1000 円しか持ってないんだ。

　この熟語は、no 比較級 than 〜 の 比較級 の部分に「数量を表す more（many・much の比較級）」や「数量を表す less（little の比較級）」が入っただけなので、これも「矢印2つ」で解決します。

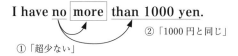

　① no more「まったく多くない」→「超少ない」、② no 〜 than 1000 yen「1000 円と同じ」となります。英文全体は「超少ない額を持っている、それは 1000 円と同じ」→「1000 円しか持っていない」です。

※①が「主張」、②が「誰にでもわかる具体例（今回は数字）」という発想も同じです。

　また、I have no less than 1000 yen.「1000 円も持ってるんだぞ」も同じ発想で、① no less「超多い」、② than 1000 yen「1000 円と同じ」で、直訳「超多い額を持っている、1000 円と同じ」→「1000 円も持っている」となります。

⟩ not を使った熟語

not を使った熟語

> not more than ~「多くても~」 = at most
> not less than ~「少なくても~」 = at least

　no の熟語は「矢印 2 つ」という考えを使いましたが、**not の熟語では「除外（~ではない）」**というのがポイントです。He is not a teacher.「彼は教師ではない」なら、あくまで「教師を除外するだけ」なので、サッカー選手でも無職でもいいのですが、あくまで「教師だけを除外する」と伝えています。

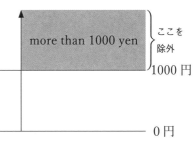

　「not は除外」なんて言われると難しく聞こえますが、今まで通りの発想で十分なのです。だからこそ「no が逆になる」ことが大事なわけです。よって、not を使った熟語は「直訳」するだけで OK です。

　not more than 1000 yen は「多くても 1000 円」となります。これは、not ｜more than 1000 yen｜の枠部分（1000 円より多い部分）を **not が除外する**と考えれば OK です。

　「1000 円より多い部分を not で除外」→「1000 円以下ならいくらでも OK（1000 円は超えない）」→「多くても 1000 円」ということです。

※ちなみに「多くても 1000 円」には「1000 円ジャスト」も含まれます

　同様に、not less than 1000 yen は「1000 円より少ない部分を除外」→「1000 円以上ならいくらでも OK（1000 円を下回らない）」→「少なくとも 1000 円」となるわけです。

I have not less than 1000 yen.
僕は少なくとも 1000 円は持っているよ。

　このように、not を使った熟語は普通に訳すだけでいいのです（no のように矢印を向けない）。not 自体、特に注意することはないからです。

　　　　　　　入 試 問 題 に 向 け て

空所に適するものを選びましょう。
(1) 彼女は私の3倍の本を読む。
She reads three times (　　) I do.
① as many as books　　② as many books as

(2) カイは全クラスメイトの中で一番よくできる生徒だ。
Kai is the smartest student (　　) all his classmates.
① in　　② of

(3) 僕は他のどの科目よりも数学が好きです。
I like math better than any other (　　).
① subject　　② subjects

(1) ②

解説：空所直前の three times に注目して、three times as 〜 as ... 「…の3倍〜だ」の形を考えます。as 〜 as の間に「many + 名詞をまとめて挟む」ことを意識して、② as many books as を選べば OK です。

(2) ②

解説：空所以下は「最上級の範囲」を表します。空所直後には all his classmates という「複数」を示す語句がきているので、② of が正解です。

(3) ①

解説：like A better than B「B より A が好き」という表現で、B 部分に any other (　　) がきています。比較級 than any other 単数形「他のどの 単数形 より 〜 だ」の形を考え、① subject を選べば OK です。math と any other subject「他のどの教科でもいいので 1つずつ 比べる」という意識から、後ろには「単数形」がきます。

18

比

較

(1) 空所に適するものを選びなさい。

Happiness lies not so much in having (　　) in sharing.

① as 　　② more 　　③ so 　　④ than

（学習院大学）

(2) 空所に適するものを選びなさい。

Our company's products are superior (　　) those of the other companies.

① of 　　② to 　　③ than 　　④ with

（中京大学）

(3) 空所に適するものを選びなさい。

A：You've been cooking that soup for more than five hours. Isn't it ready?

B：Not yet. The longer I cook it, the (　　) delicious it will taste.

① many 　　② more 　　③ most 　　④ much

（法政大学）

(4) 次の組の英文がほぼ同じ意味になるように、空所に適切な1語を入れなさい。

In winter, it is no less cold in Japan than in Scandinavian countries.

In winter, it is (　　) cold in Japan as in Scandinavian countries.

（中京大学）

解答

(1) ①
解説：空所前の not so much に注目して、not so much A as B「A というよりむしろ B」という慣用表現にします。lie in ～ は「～にある」です（自動詞 lie と他動詞 lay は 73 ページ）。

和訳：幸せは、所有することよりもむしろ共有することの中にある。

(2) ②
解説：空所直前の superior に注目して、② to を選びます。be superior to ～「～より優れた」というラテン比較級では、比較の相手「～より」には than ではなく、to を使うのがポイントです。ちなみに、空所直後の those は前に出てきた複数名詞を受ける役割で、今回は products を指しています。

和訳：我が社の製品は他社製品よりも優れている。

(3) ②
解説：文頭の The longer ～ に注目して、The 比較級 sv, the 比較級 SV.「sv すればするほど SV だ」の形を考えます。空所直後の delicious を比較級にするために、② more を選べば OK です。

和訳：A：5 時間以上もそのスープを調理しているよね。まだできないの？
　　　　B：まだだよ。調理に長い時間をかければかけるほど、おいしくなるんだ。

(4) **as**
解説：上の文は no less ～ than ...「とても～だ。…と同じくらい」の形で、「日本はとても寒い。スカンジナビアの国々と同じくらい」を表しています（no less で「超」、no ～ than ... で「…と同じくらい」と考えれば OK）。これと同じ意味になるように、as ～ as ...「…と同じくらい～だ」の形にします。

和訳：冬は、スカンジナビアの国々と同様に、日本もかなり寒い。

疑問詞は「関係詞」の基礎になる

「疑問詞って、when とか what でしょ？　高校で学ぶことあるの？」と思うかもしれませんし、実際にどの文法書も中学の復習がメインになりがちです。でも、英文自体は中学と同じでも、疑問詞を「疑問代名詞／疑問形容詞／疑問副詞」のように分けて考えることが大切です。ここをしっかり意識しておくと、実は関係詞の基礎になるのです（疑問詞 who と関係代名詞 who は役割は別モノですが、共通点があるからです）。「疑問詞なんて簡単」と思われますが、意味ではなく「品詞」を意識して捉え直していきましょう。

中学英語との違い

中学までは、what は「何」、where は「どこ」といった「訳語」中心で試験はクリアできてしまうのですが、高校英語で大事なのは「品詞」の意識です。

また、間接疑問文と付加疑問文は、中学の内容がそのまま大学入試に出ます（つまり中学英語との違いはない）。簡単なわりに得点に結びつきやすい単元です。

核心 ▶ 疑問詞の品詞（代名詞・形容詞・副詞）を区別する

疑問詞の3つの品詞

> ### 疑問代名詞（who / whom / whose / which / what）

what などをまとめて疑問詞と呼びますが、文中での働きに応じて3つに分けられます。

文法用語の確認

> 疑問代名詞：疑問詞でありながら「代名詞の働きをする」
> 　　　　　　（名詞・代名詞と同じく **S・O・C** になる）
> 疑問形容詞：疑問詞でありながら「形容詞の働きをする」
> 　　　　　　（直後の名詞を修飾する）
> 疑問副詞　：疑問詞でありながら「副詞の働きをする」
> 　　　　　　（名詞以外を修飾する）

> **What do you want to do after school?**
> あなたは放課後に何をしたいですか？

　意味は簡単ですが、文法的な解析が必要です。want to の後にある do は他動詞で、本当ならこの後ろに名詞がきて "do 名詞" の形になるはずです。今回はこの 名詞 が疑問代名詞 what に変化して文頭に出た英文です。違う視点から見れば、do の後ろには目的語がない形（do の後に名詞が欠けた形）となるのです。このように、**what の後には「名詞が欠けている」** という感覚が非常に大切です。

※今はピンとこないかもしれませんが、この感覚が関係詞のところで大活躍します。

19
疑
問
詞

What made you so angry?
あなたはどうしてそんなに怒ったのですか？
※直訳「何があなたをそんなに怒らせたの？」／make OC「OをCの状態にさせる」

この文でも what の後に名詞が欠けている（What の後の made you so angry で「made の"主語になる名詞"が欠けている」）のですが、この文に関しては「What が主語になっている」ことがわかれば十分です。

▷ 疑問形容詞（which / what）

which と what には（代名詞の働き以外に）「形容詞の働き」もあり、**"which + 名詞""what + 名詞"の形になって、直後の名詞を修飾**します。この場合は「疑問形容詞」と呼ばれます。

What kind of job do you want to get when you graduate from college?
あなたは大学を卒業したら、どのような仕事に就きたいですか？

What が名詞（kind of job）を修飾しています。What kind of job が 1 つの名詞のカタマリで、get の後ろから文頭に出てきたイメージです。

▷ 疑問副詞（when / where / why / how）

疑問詞でありながら**「副詞の働き」をするのが疑問副詞**です。次の文では where は動詞 live を修飾して、「どこに住む」となります。
※動詞を修飾するのは副詞ですね。

Where do you want to live after you graduate from high school?
あなたは高校を卒業したらどこに住みたいですか？

ちなみに疑問副詞の後ろに不完全な形はきません。この英文では live の後に何か名詞が欠けているわけではありません。live は自動詞なので

（「何を？」と聞き返せず、「あっそう」で終えられますね）、後ろに名詞を必要としないからです。つまり「疑問<u>副詞</u>の後ろには完全な形がくる」ということになりますが、今はよくわからなくても、関係詞のところで「関係<u>副詞</u>の後ろには完全な形がくる」と出てきたときに、「あ、なんかそんなこと言ってたような……」くらいに思い出せれば OK です。

入試によく出る疑問表現

▷ What is S like?「Sってどんな感じ？」

What is S like? は「どんな」という訳語につられて、つい how と混乱しがちなので、しっかり文構造を理解しておきましょう。ポイントは「what は**疑問代名詞**（なので後ろは不完全）」と「like は**前置詞**（〜のような）」という2点です。

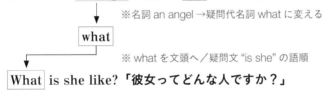

She is like <u>an angel</u>.「彼女は<u>天使</u>のようだ」

※名詞 an angel →疑問代名詞 what に変える

what

※ what を文頭へ／疑問文 "is she" の語順

What is she like?「**彼女ってどんな人ですか？**」

What is living in Italy like?
イタリアで暮らすってどんな感じ？

※動名詞 living in Italy が主語になっている

▷ What is it like to 〜？「〜するってどんな感じ？」

What is S like? が、What is it like to 〜?「〜するってどんな感じ？」という形になることもあります。これは元の文が、It is like <u>a dream</u> to be a famous singer.「有名な歌手になるのは夢のようだ」（It は仮主語／to be 〜 が真主語）だとして、ここから名詞 a dream →疑問代名詞 what に変えて、疑問文 is it の語順にすると、What is it like to be a famous singer?「有名な歌手になるってどんな感じ？」となります。

> **What is it like to live in Italy?**
> イタリアで暮らすってどんな感じ？

▷ セットの How は「程度」

　How は「単独で使われるとき」と「後ろに単語がくっついてセットで使われるとき」の2パターンがあります。セットのほうがおなじみなので、そちらを先に確認しましょう。**How +** 形容詞・副詞 **の形で、形容詞・副詞とセットで使われると、how は「程度」を表し、「どのくらい** 形容詞・副詞 **か」**という意味になります。

How + 形容詞・副詞 の例

> **How long**「どれくらい長い？」／**How old**「何歳？」／**How much**「どれくらいの量？」／**How far**「どれくらい遠い？」／**How soon**「あとどれくらい？」※直訳「（今から）どれくらいすぐに？」／**How often**「どのくらいの頻度で？」

> **How soon does the train leave?**
> 電車はあとどれくらいで出ますか？

　How soon は入試によく出ますし、会話でも便利です。そして答え方にも注意が必要で、(It'll leave) In ten minutes.「あと10分で（出ます）」のように「経過の in（～後に）」を使うことが多いです。

※この in が狙われることもよくあります。間違っても「～以内に」ではないので注意を。

▷ 単独の How は「方法・状態」

　単独で使われる How は「方法（どのような方法で）」や「状態（どのような状態で）」を表します。「状態」は How are you?「あなたは現在、どのような状態ですか」→「調子はどう？」でおなじみです。「方法」は次のようになります。

How do I get to the museum?
その博物館へはどうやって行けばいいですか？

※直訳「どのように到着しますか？」

≫ why を使った提案表現

① **Why don't you ～?**「～したらどう？」
② **Why don't we ～?**「～しようよ」　※we（自分たち）に対する提案
③ **Why not ～?**「～したらどう？／～しようよ」　※①②どちらの意味でも
　　　　　　　　　　　　　　　　　　　　　　　　　　使える

　ここにある表現はすべて（古文の授業で出てくる）反語の発想で解決します。反語とは「～だろうか、いや…でない」という発想で、上の表現は「なぜ～しないの→いや、すべきだから～したら？／～しようよ」という発想です。

Why not take a rest?
休憩をとったらどう？

　「なぜ君は休憩をとらないの？」→「（せっかくだから）休憩をとったらどう？」という提案表現です。

Why don't we walk there?
そこに歩いて行こうよ。

　これも反語で、直訳「なぜ僕ら（we）は歩いて行かないんだ？」→「（近いんだから）歩いて行こうよ」といった発想です。

≫ why を使わない提案表現

> **Would you like to ～?** ※直訳「～したいですか」→「したいなら～しませんか」
> **What do you say to -ing?** ※動名詞の慣用表現は 208 ページ
> **How about -ing?**「～するのはどう？」

> **How about going to a movie?**
> 映画に行くのはどう？

≫ why 以外の「なぜ？」

> **How come SV?**「どうして S は V するの？」※ SV の語順に注意
> **What VS ～ for?**「何のために～なの？」
> ※普通の疑問文なので（VS の語順）

> **How come you were absent from school yesterday?**
> どうして昨日は学校を休んだの？

　How come の後ろには普通の語順がきます。疑問文なのに SV という普通の語順がくることに注意してください。How come SV? は本来、How did it come that SV?「どのように that ～ のことがやってきたの？」（it は仮主語、that ～ が真主語）→「どうして SV なの？」という流れで生まれたと考えられます。元の形では疑問文の語順（did it come）でしたが、ここから省略が起こり、that 以下の SV だけが残ったわけです。間違っても、How と come がくっついている（How long や How much のようなセット）わけではないのです。

間接疑問文／疑問詞 + to 不定詞

≫ まずは語順に注意

　間接疑問文とは、普通の文の中に疑問文を埋め込んだものです。たとえば、疑問文 Where was she born? を、I can't remember ～ の中に埋め

込んでみましょう。

> **I can't remember where she was born.**
> 彼女がどこで生まれたのか、私は思い出せません。

イメージとしては、I can't remember where she was born . という感じです。ポイントは**「間接疑問文では（普通の疑問文で起きる）倒置が起きない」**ということです。「普通の語順（SV の順）」のままで OK で、ここでも was she ではなく she was になっていますね。

> **Do you know when the movie starts?**
> その映画がいつ始まるのか知っていますか？

19
疑
問
詞

主節（Do you know）は疑問文の形ですが、know の後（間接疑問の部分）は普通の語順のままです。間違っても、×）Do you know when does the movie start? としてはいけません。

ちなみに、間接疑問文といえば「語順」のことばかりを言われるのですが、長文読解では**目的語が「名詞のカタマリになる」**ということも大変重要です。上の 2 つの例文だと、最初の英文では where she was born が remember の目的語に、2 番目の英文では when the movie starts が know の目的語になっています。

≫ 疑問詞 + to 〜 「 疑問詞 〜すべきか」
疑問詞の直後に "to 原形 " を続ける形があり、what to do「何をすべきか」、where to live「どこに住むべきか」、how to play the guitar「ギターの弾き方」（直訳「どのようにギターを弾くべきか」）などと、名詞のカタマリをつくります。

> **When I go on a trip, I always decide where to go beforehand.**
> 私は旅行に行くとき、いつも前もってどこに行くか決めておきます。
> ※ beforehand「前もって」

　ここでは where to go が名詞のカタマリで、decide の目的語になっています。
　また、what と which は疑問形容詞（直後に名詞を伴って1つの疑問詞になる）の用法もあるので、疑問詞 + 名詞 + to 〜 の形にもなります。たとえば、what clothes to wear「どんな服を着るべきか」、which dress to buy「どっちの服を買うべきか」です。

> **You need to decide which dress to buy.**
> あなたはどのドレスを買うか決める必要があります。

　また、間接疑問文と同じように、**疑問詞 + to 〜 は「名詞のカタマリになる」**ことも、英文を正確に把握するためには大切です。疑問詞 + to 〜 = 疑問詞 S should 〜 なので、元々は「間接疑問文」だと考えれば名詞のカタマリになるとわかります。

> **My dad showed me how to ride a bike.**
> 父が私に自転車の乗り方を教えてくれました。

　疑問詞 + to 〜 が "show 人 物" の 物 の部分にきています。ちなみに、show 人 物 は「人 に 物 を（視覚的に示して）教える」です。

否定疑問文

≫ 否定疑問文の形と答え方

　Don't you 〜?「〜じゃないの？」のように始まる、not を伴う疑問文を「否定疑問文」と呼びます。

A：Don't you like cookies?

B：Yes, I do.／No, I don't.

A：クッキー、好きじゃないんだっけ？

B：いえ、好きですよ。／はい、好きではないのです。

　否定疑問文は答え方に注意が必要です。上の文（Yes, I do.／No, I don't.）と訳語（いえ、好きですよ／はい、好きではないのです）から、「否定疑問文のときは、Yes は『いいえ』、No は『はい』と訳す」と習った人がたくさんいると思います。でもそんなやり方では、リスニングではスピードについていけず、しかも内容を混乱しそうですよね。

　「日本語訳が逆になる」なんて習った人は、ここで発想を変えてみてください。これからは**否定疑問が出てきたら「not を無視する」**のです。たとえば、Don't you 〜? なら、Do you 〜? と同じだと考えてください。これですべて解決します。

Don't you like cookies?　　※この否定疑問文を聞いたら……

→ Do you like cookies?　　※ not を消した形に脳内変換する

　Do you like cookies? だと思って答えるわけですから、Yes, I do. なら「好き」で、No, I don't. なら「好きじゃない」と理解すればいいのです。すると以下のようなやり取りも自然に理解できるでしょう。

A：Don't you like cookies?

B：Yes, I do. But I'm trying to lose weight right now.

A：クッキー、好きじゃないんだっけ？

B：いえ、好きですよ。でも、今はダイエット中で（ダイエットにトライしているところ）。

参考 **否定疑問文において not を消してもいい理由**

なぜこんな「not を消す」という技ができたのか、その背景を話しま

す。そもそも否定疑問文に対しては「日本語は相手に合わせる／英語は事実に合わせる」という違いがあります。日本語は「相手の質問が合っている」なら「はい」、「相手の質問が違う」なら「いいえ」と答えます。みなさんが「クッキーを好き」ということにして、以下のやり取りで確認してください。

「クッキー好き？」→「はい」 ※相手の質問が合っている →「はい」
「クッキー好きじゃない？」→「いいえ」 ※相手の質問が違う →「いいえ」

「好き」という事実は変わらないのに、相手の質問が変わると、みなさんの返答は「はい」になったり「いいえ」になったりしますね。日本語では「相手の質問に合わせる」わけです。
　一方、英語の世界では相手によって答え方を変えることはありません。「（相手ではなく）事実に合わせる」のが英語の発想です。言ってみれば、相手の顔・声を無視して、「クッキー好きな自分」を考えて返答する感じです。**肯定の事実（好き）なら Yes を使い、否定（好きじゃない）なら No を使う**だけです。

Do you like cookies? → Yes.　　※肯定の事実「好き」
Don't you like cookies? → Yes.　※ Don't で聞かれても、事実「好き」は同じ

　このように、Do you でも Don't you でも「答え方は同じ」なのです。それならば答えやすいほうに脳内変換すれば OK です。答え方が簡単なのは、Do you 〜? ですよね。Don't you 〜? が出てきても、頭の中で Do you 〜? に置き換えてしまえばいいのです。

付加疑問文

▷ 付加疑問文とは？

You are 〜, aren't you? のように文末に疑問の形が付加された（くっついた）ものを「付加疑問文」といいます。「〜ですよね？」と聞いたり、確認したりするときに使います。

※ 1 人でツッコミを入れる感じで、「〜だよ。〜じゃないんだっけ？」という感じです。

付加疑問文の作り方

> 作り方：文末を "〜, 動詞 + 主語 ?" の形にする
> 注意　動詞：主節で使った動詞の肯定・否定を入れ替える
> 　　　主語：主語は代名詞（**it・they** など）に変えることがある

①主節が肯定文のパターン（否定をくっつける）

> This picture is beautiful, isn't it?
> この写真、きれいですよね？　　※ This picture → it に、is → isn't になる

②主節が否定文のパターン（肯定をくっつける）

> You didn't sleep last night, did you?
> 昨夜、寝てないでしょ？　　※ didn't → did になる

答え方に特別なことはありません。肯定と否定が混ざってはいますが、否定疑問文への答え方と同じ発想で、肯定の場合は Yes、否定なら No で答えれば OK です。上の英文に対しては、「眠れた」なら Yes, I did.「いえ、眠れましたよ」、「眠れなかった」なら No, I didn't.「はい、眠れませんでした」となります。

▷ 命令文につける付加疑問文

命令文につける付加疑問文は特殊で、肯定・否定に関係なく常に同じ形になります。どちらも命令の感じがやわらぐ効果があります。

①普通の命令文：命令文 , will you?「〜してくれるかな？」

> Give me a tissue, will you?
> ティッシュを取ってくれるかな？

Will you 〜?「〜してくれる？」はかなり軽い感じで、命令文に意味が近いので、元々相性が良いのです。

② Let's で始まる文：Let's 〜, shall we?「〜しましょうね」

> Let's go now, shall we?
> もう行きませんか？

Shall we 〜? が Let's 〜 に書き換えられると習うことが多いことからも、こちらもやはり相性が良いわけです。

適するものを選びましょう。

(1) コンサートはあとどれくらいで始まるの？

How (　　) will the concert start?

① long　　② soon

(2) What's the matter?　Don't you like the soup?「どうしたの？　その
スープ、好きじゃないの？」と聞かれて、Yes と返答したときは……

① スープが好き　　② スープが好きではない

(3) 空所に適するものを選びましょう。

母親は彼がどこにいたのかを尋ねた。

His mother asked him where (　　) been.

① he had　　② had he

解 答

(1) **②**

解説：日本文「あとどれくらい」から、② soon を選びます。

(2) **①**

解説：否定疑問文 Don't you like 〜?「〜は好きじゃない？」に対して、Yes と
返答すれば、Yes →事実を肯定→「好き」ということになります。もし No だ
と、No →事実を否定→「好きではない」です。

(3) **①**

解説：間接疑問文の箇所は「普通の語順（SV の語順）」になるので、① he had
が正解です。全体は ask 人 物「人に物を尋ねる」の形で、今回は 物 に
where he had been「彼がどこにいたのか」という名詞のカタマリがきています。

(1) 空所に適するものを選びなさい。

X：( ) stay here until the rain stops?

Y：Yeah, let's wait.

① Why do we　　　② How about

③ Why don't we　　④ How do you want to

（駒澤大学）

(2) [　　] 内を並べ替え適切な文にしなさい。

I do not [look for / where / know / to] an academic job.

（名古屋学院大学）

(3) [　　] 内を並べ替え適切な文にしなさい。

ヘリコプターを操縦するのはどんな気持ちかな。

I wonder [is / like / it / what] to pilot a helicopter.

（駒澤大学）

(4) 空所に適するものを選びなさい。

Let's have a cup of coffee, (　　)

① do we?　　② don't we?　　③ shall we?　　④ will we?

（立命館大学）

(1) ③

解説：空所直後の動詞の原形（stay）に注目して、③ Why don't we ～?「～しようよ」を選びます。直訳「なぜ私たちは～しないの？」→「～しようよ」という提案表現です。② How about ～?「～するのはどう？」は後ろに「名詞・動名詞（-ing）」がくるのでアウトです。

和訳：X：雨が止むまでここにいることにしない？
　　　　Y：そうだね、待とう。

(2) I do not [know where to look for] an academic job.

解説：I do not の後には「動詞の原形」がくるはずなので、I do not know ～「私は～がわからない」とします（I do not look for ～「私は～を探さない」とすると、know を使う場所がなくなってしまう）。その後は where to ～「どこで～すべきか」の形を利用し、where to look for ～「どこで～を探すべきか」とすれば OK です。

和訳：どこで学校の仕事を探せばいいのかわからない。

(3) I wonder [what it is like] to pilot a helicopter.

解説：What is it like to ～?「～するってどんな感じ？」の形を考えます。今回は間接疑問文なので「普通の語順（SV の語順）」で、I wonder what it is like to ～「私は～することがどんな感じなのか不思議に思う」→「～するのはどんな気持ちかな」とすれば OK です（pilot は動詞「操縦する」）。

(4) ③

解説：文頭 Let's ～ に注目して、Let's ～, shall we?「～しましょうね」という付加疑問文にします。命令文, will you?「～してくれるかな？」／Let's ～, shall we?「～しましょうね」の2つをしっかりチェックしておきましょう。

和訳：コーヒーを飲みませんか？

20 | 否 定

イントロダクション

意外とミスが多い

not 自体があまりにもよく見かける単語だから油断するのか、もしくは英文法の問題集で「否定」がマイナー扱いだからなのか、否定に関する入試問題ではミスする受験生がたくさんいます。

この本で、ほんの数ページの対策をしておくだけで大きな差がつきます。特に大学入試によく出て、ミスが多いのが「部分否定」と「not を使わない否定表現」です。

中学英語との違い

中学英語では、「否定文をつくる」という構造面がメインとなり、たとえば「一般動詞の否定文は don't・doesn't・didn't を使う」といったことを習いますが、「意味（日本語訳）」自体は簡単でしたね。

高校英語では「否定の微妙なニュアンスの違い」として、「部分否定（全部が全部〜というわけではない）」といった、否定の「意味」がポイントになります。

全体否定と部分否定を区別する／否定の慣用表現は「直訳するだけ」

全体否定と部分否定

▷ 全体否定の2パターン

　全体否定とは「全部〜でない」というもので、2パターン（not 〜 any = no ／ not 〜 either = neither）あります。

20

否

定

(1) not 〜 any = no「1つも〜でない」

　any は「どれでも」という意味で、not 〜 any は直訳「どれでも〜でない」→「1つも〜でない」となります。

> **I don't have any money.**
> 私はお金をまったく持っていません。
> ※ I have no money. も同じ意味

　必ず "not 〜 any" の語順になること（決して、×）any 〜 not という語順にはならない）、「any は not 以外の否定語」ともペアになること（without any 〜「〜なしに」など）にも注意してください。

(2) not 〜 either = neither「どちらも〜でない」

　not 〜 either を、×）「どちらかが〜でない」と誤訳する人が多いのですが、◎）「どちらも〜でない」となります。日本語訳で覚えるより、"not 〜 either = neither" と英語で覚えたほうがミスしなくなりますよ。

> **I don't like either of the movies.**
> どちらの映画も好きじゃない。

≫ not + 全部 ＝ 部分否定

　not ～ all を、×）「すべて～じゃない」と訳してはいけません。これは、◎）「すべてが～というわけじゃない（そうじゃないものもある）」となります。このように、一部を否定する形を「部分否定」といいます。

部分否定

> ① 形：**not** ＋ 全部 ＝ 部分否定
> ② 意味：「（全部が全部）～というわけではない」
> ③ 全部 を表す語　　※ not と一緒に使われると「部分否定」になるもの
> 　**all**「すべての」／**both**「両方の」／**every**「すべての」
> 　※ everything や everybody なども含む／**always**「いつも」

　部分否定のイメージは「not の後ろに" 全部 "というパワフルな単語がくると、not ではすべてを打ち消し切れないで残骸が残る」感覚です。
　部分否定の意味も、そのイメージを反映して「全部が全部～というわけじゃない（少し部分的に残ってる）」と考えてください。言い訳っぽく「全部じゃないし」「いつもってわけじゃないんですけど」の感じです。

| I'm not always late for school.
　いつも学校に遅刻するわけじゃない。

▶ まとめ　全体否定 vs. 部分否定

	見分け方	ペアになる単語	訳し方の例
全体否定	not ＋ 部分	either・any・ever など	「全部～でない」
部分否定	not ＋ 全部	all・both・always など	「全部が全部～というわけではない」

否定に関する慣用表現

⟩ 否定を強調する語句

「否定を強調する」語句　　※ not もセットで示します。

> not 〜 at all「まったく〜でない」／by no means・not 〜 by any means
> 「まったく〜でない」／not 〜 in the least「少しも〜でない」

> He is not lazy by any means. He has two part-time jobs.
> 彼は決して怠け者ではありません。2つバイトをしているんです。

　　not 〜 by any means は直訳「どんな手段（means）を用いても〜でない」→「まったく〜でない」です。
※ means は「手段」という名詞です（すごく大事な単語）。

⟩ 2つの否定を使った「二重否定」

　　否定を2つ使った表現を「二重否定」と呼びます。「〜でないことはない」のようなものです（日本語でもよく使われるものです）。

二重否定で重要なもの

> ① never[cannot] 〜 without -ing「〜すると必ず…する」
> 　※直訳「…することなく〜しない」
> ② never fail to 〜「必ず〜する」　　※ fail to 〜「〜しない」
> ③ It is not unusual[uncommon] to 〜「〜することはよくあることだ」
> 　※直訳「〜することは珍しい（unusual・uncommon）ことではない」

> His stories never fail to amaze people.
> 彼の話を聞くと、みんな必ず驚く。

　　amaze は「（良い意味で）驚かせる」で、そこに never fail to 〜「〜し

ない（fail to 〜）ことは決してない（never）」→「必ず〜する」が使われています。直訳は「彼の話は人を驚かせないことは決してない」です。

※ fail to 〜 は「〜しない」という意味です（189ページで出てきます）。fail in 〜「〜に失敗する」と区別してください。

≫ not を使わない「否定表現」

not を使った否定文は「〜じゃない！」のようにキツい印象を与える可能性もあるため、「遠回しに否定を伝える」表現がたくさん生まれました。どれも直訳から考えれば簡単に理解できます。

not を使わない否定表現

> the last 名詞 to 原形／関係詞 「最も〜しそうにない 名詞 だ」
> free from 〜「〜がない」　　※ free は本来「ない」という意味
> far from 〜「決して〜ではない」　　※直訳「〜からほど遠い」
> anything but 〜「決して〜ではない」
> ※「〜以外（but）なら何でもアリ（anything）」

Yamato is the last person to tell a lie.
ヤマトは嘘をつくような人間ではない。

the last 名詞 to 〜 は「最も〜しそうにない 名詞 だ」と覚える人がほとんどなので、まるで last に否定の意味でもあるかのように勘違いしてしまうのですが、last はあくまで「ラスト」の意味にすぎません。the last person to tell a lie の直訳は「嘘つきランキングでラストにくる人」→「一番嘘をつかなそうな人」という、遠回しの表現なのです。

(1) 空所に適するものを選びましょう。

彼は T シャツが両方とも気に入らなかった。

He didn't like (　　) of the two T-shirts.

① both 　　② either

(2) 次の英文を和訳しましょう。

Not all the students were present.

(3) 次の英文を和訳しましょう（composition は「作文」）。

Your composition is far from satisfactory.

20

否

定

解 答

(1) ②

解説：not 〜 either は「全体否定」で、「両方とも好きじゃない」になります。not 〜 both では「部分否定」で「両方とも好きというわけじゃない（片方は好きだけど）」となってしまいます。

(2) すべての生徒が出席したわけではなかった。

解説：Not all students 〜「すべての生徒が〜するわけではない」という部分否定です（"not + 全部 = 部分否定" の形）。ちなみに、present は叙述用法で「出席している」の意味で使われています（37 ページ）。

(3) 君の作文は満足のいくものではない（満足からはほど遠い）。

解説：far from 〜 は直訳「〜からほど遠い」→「決して〜ではない」という否定表現です。また、satisfactory「満足のいく」は動詞 satisfy「満足させる」の形容詞形です。

(1) 空所に適するものを選びなさい。

My cell phone won't charge. I don't have (　　) idea what's wrong with it.

① some 　　② every 　　③ the 　　④ any

（南山大学）

(2) 空所に適するものを選びなさい。

Alex never comes to a meeting (　　) late.

① by being 　　② for being 　　③ in being 　　④ without being

（神奈川大学）

(3) 次の日本文の意味を表すように、(　　) 内に1語を補いなさい。

スティーブは嘘をつくような人ではないだろう。

Steve would be the (　　) person to tell a lie.

（高知大学）

(4) 空所に適するものを選びなさい。

Their manners were by no means pleasant.

= Their manners were (　　) but pleasant.

① anything 　　② everything 　　③ nobody 　　④ nothing

（佛教大学）

(1) ④

解説：空所前の I don't に注目して、not 〜 any「1つも〜ない」の形にします。
I don't have any idea.「まったくわからない」（＝ I have no idea.）の後に
what's wrong with it「それに関して何が問題なのか」がきています（idea の後
の about は例外的に省略可能）。

和訳：携帯電話の充電ができない。どこに問題があるのか、私にはまったくわか
らない。

(2) ④

解説：空所前の never に注目して、④ without being を選びます。never 〜
without -ing は直訳「…することなく〜しない」→「〜すると必ず…する」で
す。

和訳：アレックスは遅れずに会議に来ることはない。／アレックスは会議に来る
ときは必ず遅れる。

(3) **last**

解説：the last 名詞 to 原形「最も〜しそうにない名詞だ」という表現です。

(4) ①

解説：1文目（上の文）は by no means「まったく〜ない」という否定表現が
使われているので、2文目（下の文）も否定の意味になると考えます。空所直
後 but に注目して、anything but 〜「決して〜ではない」とすれば OK です。
※ but は前置詞なので、本来は直後に「名詞」がくるはずですが、この表現では「形容
詞」も OK です（今回も直後の形容詞 pleasant「感じのよい・好ましい」がきています）。

和訳：彼らのマナーは決して感じのよいものではなかった。

テーマ 21 | 関係詞

イントロダクション

すでに「関係詞の準備」はできている

英文法のラスボス「関係詞」ですが、本書では「関係詞攻略の種まき」をすでに終えているのです。以下のように関係詞に備えてきました。

①関係詞は「理論分野」なので、ここまで考える英文法をこなしてきたみなさんなら一番得意にできる単元なのです。

②関係詞は主に「形容詞の働き」をします。本書では「品詞」を Part 1 で扱い、ここまで徹底的に解説をしてきました。

③関係詞は後置修飾なのですが、「後置修飾は英語の大きな特徴」と伝えました（174 ページ）。

④疑問詞で「後ろにあるべき名詞が欠ける」など、関係詞に必要な発想を解説しました（テーマ 19）。

こういった土台ナシに関係詞を学ぶのでみんな混乱してしまうのですが、逆にみなさんは準備万端と言えるわけです。

中学英語との違い

中学では「空所の直後に動詞があれば主格の関係代名詞」「主語＋動詞があれば目的格の関係代名詞」だけで問題が解けてしまいます。しかし高校範囲では関係副詞なども出てくるため、その発想は一度ゼロにして、新たに学んでいかないといけません。実は関係詞攻略のカギは関係代名詞にあるのです。

核心 **「何節か?」「完全か、不完全か?」という視点から考える!**

関係詞の第１派閥　純粋関係詞グループ
——関係代名詞 who・which・whom など

▷ **関係詞の全体像**

　関係詞をマスターするには２つの視点（マクロの視点・ミクロの視点）が必要です。マクロの視点は「文の中で何節をつくるのか?」で、ミクロの視点は「関係詞節中で後ろは完全 or 不完全?」というものです。

☑ **マクロの視点：文全体の中で「何節をつくるの?」という視点**

　「何節をつくるの?」という視点から、本書では関係詞を３つのグループに分けて考えます。今は細かいことはスルーして OK なので、３つのグループの特徴をサッと眺めてください。

（1）純粋関係詞グループ　　特徴：形容詞節をつくる

関係代名詞	：who・which・whom・that・whose
関係副詞	：when・where・why・how
前置詞＋関係代名詞	：in which・of whom など（前置詞は何でも OK）

※ここにあるものすべてに「形容詞節をつくる」という共通点があります。

（2）what グループ　　特徴：名詞節をつくる

関係代名詞 what／関係形容詞 what

（3）-ever グループ　特徴：形容詞節だけはつくらない（名詞節か副詞節）

> 複合関係代名詞：whoever／whomever／whichever／whatever
> 複合関係副詞　：whenever／wherever／however

☑ **ミクロの視点：関係詞節の中で「後ろは完全 or 不完全？」という視点**

　文全体ではなく関係詞がつくるカタマリ（関係詞節）の中だけに注目するミクロの視点です。「完全・不完全」については後ほど解説しますが、これは特に関係代名詞と関係副詞の区別の際に威力を発揮します。

▷ **関係代名詞は「形容詞の働き」**

　関係代名詞の働きは「直前の名詞を修飾する」ことです。これを文法的に言えば「関係代名詞は形容詞節をつくる」と言えます。関係代名詞は「前の名詞に意味的に関係させる」と考えれば十分です。

> **This is the Italian restaurant which opened last month.**
> ここが先月オープンしたイタリアンレストランです。

　この文では、which opened last month という関係代名詞のカタマリは直前の the Italian restaurant を説明しています。このように、関係代名詞自体には「日本語訳」は存在せず、あくまで「前の名詞を修飾する"働き"」があるだけなんです。

※「〜するところの」という訳を当てはめる教え方もありますが、それは「英単語には必ず訳がある」という思い込みへの応急処置にすぎません。関係代名詞に無理に訳をつけるより、「働き」を意識することが関係詞の本質です。

　また、関係代名詞にはいくつかの種類があり、「格と先行詞」に応じて使い分けます。

関係代名詞の格変化

格＼先行詞	主格	目的格	所有格
人	who	whom	whose
物（動物も含む）	which	which	whose

※ whose 以外（who・whom・which）は「that で代用可能」

関係代名詞の文ができるプロセス

▷ 泥臭い方法でしか理解できない

　関係代名詞の文がどのように使われるようになるのかを、みなさんが自分の手を動かすことで実感していってください。ここからは面倒な作業が続きますが、英文の構造を心から理解するために必要です。

関係代名詞を使って、2つの文をつなげる手順

> ① 探して、変える：同じものを指す語句を探して下線を引き、代名詞のほうを関係代名詞に変換する
> ② 動かして、くっつける：関係代名詞を文頭へ移動、先行詞（最初に下線を引いた名詞）の直後にくっつける

▷ 2つの文をつなげるパターン1（単純接続パターン）

（1）主格を使って文をつなげる

I have an aunt.　　She lives in Kobe.

① 同じものを探して、代名詞（She）→ 関係代名詞（who）に変換

I have <u>an aunt</u>.　<u>She</u> lives in Kobe.

↓ She は主語なので主格の関係代名詞 who を使う

who

　このように<u>主語</u>だったものが関係代名詞になったものを「<u>主格</u>の関係代名詞」と呼びます。

② who を文頭へ移動して、先行詞（an aunt）の直後にくっつける

　関係代名詞は文をくっつける「接着剤」なので、文とのつなぎ目に移動する必要があります（今回のように最初から先頭にあれば移動は不要）。

I have <u>an aunt</u>. ＋ who lives in Kobe.

完成　I have an aunt who lives in Kobe.
　　　「私には神戸に住んでいるおばがいる」

(2) 目的格を使って文をつなげる

These are the cookies.　He made them.

① 同じものを探して、代名詞（them）→ 関係代名詞（which）に変換

These are <u>the cookies</u>.　He made <u>them</u>.　※ them は目的語

↓ 目的格の関係代名詞 which

which

　<u>目的語</u>だったものが関係代名詞になったものを「<u>目的格</u>の関係代名詞」と呼びます。

② which を文頭へ移動、先行詞（the cookies）の直後にくっつける

These are the cookies. + which he made φ.

※φは「名詞が欠けている」という記号

完成　These are the cookies which he made.

「これらが、彼がつくったクッキーです」

　目的語は文の後ろのほうにあるはずなので、関係代名詞を文頭にもってくる作業が必要になります。

※主格と違って、この「移動のひと手間」が必要です。

補足　代名詞を残したままにしない

　them は which に変わったので、いつまでも them を残したままにしてはいけません。×）These are the cookies which he made them. は間違いです。この「them がなくなって which に変身」という感覚を裏返せば「関係代名詞の後ろは名詞が欠けている」ことになります。**主格の後ろは「主語が欠ける」、目的格の後ろは「目的語が欠ける」**ことを意識してください。この感覚が後で大活躍しますので（319 ページ）。

≫ 2つの文をつなげるパターン2（割り込みパターン）

(1) 主格を使って文をつなげる

The watch is broken.　　It belongs to my dad.

① 同じものを探して、代名詞（It）→ 関係代名詞（which）に変換

The watch is broken.　　It belongs to my dad.

↓ It は主語なので主格の関係代名詞 which

which

② which を文頭へ移動、先行詞（The watch）の直後にくっつける

The watch is broken. + which belongs to my dad.

完成　The watch which belongs to my dad is broken.
「父が所有する、その時計は壊れています」

※ The watch which belongs to my dad が主語で直訳は「父に属するその時計は、壊された状態です」（物 belong to 人「物は人の所有だ」）

　発想は今までと同じなのですが、今回は「1つめの文の途中に、2つめの文がスッポリと割り込む」形です。あくまで先行詞 The watch の「直後」にくっつけるので、文の間に割り込むのです。
　なんとなくもう1つの文の後ろにくっつけて以下のようなミスをしないように注意してください。

×）The watch is broken which belongs to my dad.

(2) 目的格を使って文をつなげる

The book is a romance novel.　Minami is reading it now.

① 同じものに下線、代名詞（it）→ 関係代名詞（which）に変換

The book is a romance novel.　Minami is reading it now.

※目的格の関係代名詞 which を使う ↓

which

it は「目的語／人以外」なので「目的格の which」に変えます。

② which を文頭へ移動、先行詞（The book）の直後にくっつける

　関係代名詞 which を文頭に移動します。その結果、reading の後ろが「欠けている」状態になります。

The book is a romance novel. + which Minami is reading φ now.

※φは「名詞が欠けている」という記号

完成　The book which Minami is reading now is a romance novel.
「ミナミが今読んでいる本は恋愛小説です」

　which Minami is reading now のカタマリが、先行詞 The book を後ろから修飾します。The book which Minami is reading now が主語です。

※こういうときにしっかり文構造を確認しておくと、今後、長文の勉強に入ったときにものすごくラクになりますよ。

関係詞の「構造」を把握する

▷ 形容詞節を見抜く

　関係詞が入った英文の構造を把握できるようになると、長文の勉強時に負担が減ります。その発想をここで確認していきます。

※従来は「関係代名詞は接続詞と代名詞の働きを兼ねる」と習うことが多いのですが、本書ではその考えには触れません。ここまで確認してきたように「関係代名詞は形容詞節をつくる」と考えるのが一番スッキリするはずです。

構造把握の方法　※形容詞節には、[　　]を使います。

① 関係詞を見た瞬間、[　　]がスタート　※関係詞からカッコが始まる。
② 2個目の動詞の直前で、[　　]を閉じる（2個目の動詞が出てこなければピリオドまで）

I have an aunt [who lives in Kobe].

↑カウントしない ↑1個目の動詞（2個目はナシ）

私には［神戸に住む］おばがいる。

補足 **動詞のカウントの仕方について**

①関係詞が出たらカウントする（関係詞の前にある動詞はノーカウント）

②動詞のカタマリは1つの動詞としてカウントする／進行形・完了形・
　不定詞（want to do）・受動態（was written）は1つの動詞扱い

▶ **主格の場合（2個目の動詞が出てくるパターン）**

The watch [which is on the bookshelf] is broken.

↑1個目　　　　　　　　↑2個目の動詞 is の直前で
　　　　　　　　　　　　カッコを閉じる

［本棚の上にある］時計は壊れています。

※カッコを閉じることで「関係詞のカタマリがどこまでかを認識できる」ようになります。

▶ **目的格の場合（2個目の動詞が出てこないパターン）**

These are the cookies [which he made].

↑カウントしない　　　　　　　↑1個目の動詞（2個目はナシ）

これらが、［彼がつくった］クッキーです。

▶ **目的格の場合（2個目の動詞が出てくるパターン）**

The book [which Minami is reading now] is a romance novel.

↑1個目　　　↑2個目の動詞 is の直前で
　　　　　　　カッコを閉じる

［ミナミが今読んでいる］本は恋愛小説です。

関係代名詞のイレギュラーな形（主格の後ろに SV／目的格の省略）

▷ who の後ろに SV がくる形（主格の応用）

この本では「主格の関係代名詞の後ろは主語が欠けている／目的格の

関係代名詞の後ろは目的語が欠けている」という解説をしてきましたが、もしかしたら「中学で習ったやり方のほうが簡単だけど」と思った人もいるかもしれません。それは「後ろに動詞があれば主格／後ろに SV があれば目的格」というものでしょう。でもそれは全部忘れてください。あくまで中学生用の応急処置であって、高校レベルでは通用しません。試しに大学入試で定番の問題にトライしてみてください。

問：空所に最も適するものを選んでください。

That person is the one (　　　) I think rescued the kitten.
① what　　　② where　　　③ who　　　④ whom　　　（立命館大）

　まだ、① what と ② where の解説はしていないので、③ who と ④ whom の 2 択で考えてください。もし「後ろに SV（I think）があるから whom が入る」と思うとミスになります。この本で強調してきた「構造」を意識して英文を見直してみましょう。

　That person is the one (　　　) | I think that **φ** rescued the kitten |.
　　　　　　　　　　　　　　　　　S　V　　　　　　v

　元々の文は、I thought {that} |s| rescued the kitten. で、rescued の主語（φ の部分）が欠けているのです。「主語が欠けているので、主格の関係代名詞 who が必要」というわけです。

正解：③ who　　　**和訳**：あの人が、子猫を助けたと思われる人だ。

※ ［しかくかっこ］は文末までになります。「think が 1 個目、その直後の rescued で 2 個目」とは考えないでください。

補足 **「I think は挿入」ではない！**

　この問題は有名で、どの問題集・授業でも出てきます。そのときに「I think は挿入なので、I think の部分を消してみれば空所直後に動詞があるから who が入る」という教え方がよくあります。

　しかしこれは完全なこじつけです。確かに、I think は挿入として使わ

れることがありますが、その場合は前後にコンマを置くのが普通です（〜, I think, 〜 の形）。「どっちでもいいんじゃない？」と思われるかもしれませんが、「挿入でもないのに SV を消す」なんてメチャクチャな発想をすると、今後、難しい英文を見ると「これ、挿入で消えるかな？」という、こじつけがクセになってしまいます。

　ちなみに、この問題では whom を使うネイティブもいるので「最近の英語では whom もアリ」なんて教え方も増えてきました。しかし今回の問題は入試問題として出題されたものです。出題した大学が「正しい英語への理解・論理的な思考力」を求めた結果なので、みなさんは "(　　　) SV v" の形は「主語がないから主格」と正しく考えてくださいね。

≫ " 名詞 + sv" を見たら「関係代名詞の省略」

　関係詞は「今から前の名詞を説明します！」という目印ですが、その目印自体が省略されることもあります。ただし、**省略できるのは「目的格」の関係代名詞だけです。**

　「省略されたものをどう見抜くの？」という心配は不要です。「目的格の関係代名詞は省略可能」というルールを逆手にとれば**「" 名詞 + sv" を見たら関係代名詞の省略」**だとわかるからです。

関係代名詞が省略されるプロセス

目的格を使った形：	名詞（先行詞）	~~which~~ sv（不完全）
		↓省略
省略された形　　：	名詞（先行詞）	×　sv（不完全）

This is the toy which Andy bought **φ** yesterday.
→ This is the toy Andy bought **φ** yesterday.
　　　　　　　名詞　+　s　v（bought の目的語が欠けている）
「これはアンディが昨日買ったおもちゃです」

　" 名詞 + sv" の形では「関係代名詞が省略されている」と判断してくだ

さい。さらに、sv の後は「目的語が欠けた不完全」な形になります。

※目的格の関係代名詞が「見えない」だけで、「後ろは目的語が欠けた状態」なのは今までと同じです。

所有格

▷ 所有格を使って文をつなげる

2つの文をつなげる手順自体は、主格・目的格とも同じです。

> She is a writer.   Everyone knows her novels.

(1) 同じものに下線、代名詞（her）→ 関係代名詞（whose）に変換

She is a writer.   Everyone knows her novels.

whose

※文頭の She も「同じ人」を指しますが下線を引きません。代名詞 she の後に関係代名詞は続かないからです（代名詞は修飾されることがなく、たとえば pretty she なんて形はありえません）。

(2) 関係代名詞を文頭へ移動、先行詞（a writer）の直後にくっつける

She is a writer.   whose novels everyone knows   φ .

"whose novels" が1つのカタマリなので、まとめて前に出す

完成   She is a writer whose novels everyone knows.

「彼女は誰もがその小説を知っている作家です」

▷ whose と結びつきやすい名詞

whose の直後には「無冠詞の名詞」がきます。関係代名詞 whose は元々「所有格（my・your など）」なので、その直後には「冠詞がつかな

い名詞」がくるわけです。たとえば my pen なら、my の後に（a・the
がつかないで）pen がきますよね。

　これを意識すると、入試の文法問題が解きやすくなります（入試に出
る無冠詞名詞にはパターンがあるので、ざっと眺めておくだけで解きや
すくなります）。whose の直後にくる名詞は「先行詞に所有されている」
わけですから、**「何かの一部」を表す名詞**がよく使われます。

whose と結びつきやすい名詞

家族の「一部」	father／mother／parents／brother／sister／son／ daughter
体の「一部」	eyes／hair／ears／nose／name

I talked with a girl whose parents are immigrants.
両親が移民である女の子と話をしました。
※ immigrant「移民」

「前置詞 + 関係代名詞」の考え方

▷**「前置詞 + 関係代名詞」はワンセットで考える**

　in which や of whom のような「前置詞 + 関係代名詞」という形があ
ります。面倒そうに見えますが、これも今まで同様に2つの文を1つに
する作業で理解できます。

Yokohama is the city.	He was born in it.

（1）同じものに下線、代名詞（it）→ 関係代名詞（which）に変換
※ it は前置詞 in の目的語なので目的格の which を使う

Yokohama is the city. He was born in it.

which

※厳密には Yokohama も「同じもの」を指しますがスルーしてください。固有名詞 Yokohama は（その中にすべての情報が含まれるので）後ろに説明を加える必要はないからです。

(2) 関係代名詞を文頭へ移動、先行詞（the city）の直後にくっつける
※ここからは2通りの発想があるので①と②に分けて解説します。

① 今まで通り：which だけを先頭に持ってくる
Yokohama is the city. which he was born in φ .

完成　Yokohama is the city which he was born in.
「横浜は、彼が生まれた街です」

前置詞 in が後ろに残っていますが、「関係代名詞の後ろは不完全（in の後ろが「欠けた」状態)」になるはずなので、このままで OK です。間違っても it を残さないように注意してください。

　×）Yokohama is the city which he was born in it.

② 新しい発想：in which をセットで前に出す
　そもそも in it で1つのカタマリなので（切り離すのには抵抗がある）、in which に変わっても「カタマリごと移動」することが可能です。

Yokohama is the city. in which he was born 　　　　.

完成　Yokohama is the city in which he was born.
「横浜は、彼が生まれた街です」

※ which だけ前に出しても、in which のセットで前に出しても意味（訳し方）は同じです。

▷ 構造の違いに注意

which だけ前に出すのと、in which をセットで前に出すのは、意味は変わりませんが、英文の構造は決定的に違ってきます。

構造の違い

> 関係代名詞の後ろは「不完全」
>   Yokohama is the city | which | he was born in φ .
> 前置詞 + 関係代名詞の後ろは「完全」
>   Yokohama is the city | in which | he was born.

「関係代名詞の後ろには不完全な形がきて、前置詞 + 関係代名詞の後ろには完全がくる」なんて呪文のように覚えようとすると混乱しますが、構造を考えれば簡単に理解できます。

☑ which だけ前に出すパターン　　（2）①の場合

代名詞 it が which に変わり、前に出たわけです。「名詞（代名詞）が欠けた形」になるので「不完全」になります。

☑ in which をセットで前に出すパターン　　（2）②の場合

副詞句 in it が in which に変わり、その副詞のカタマリがセットで前に出たところで、文に影響はありません。

※副詞が移動した（なくなった）からといって、文の要素が「欠ける」ことにはなりません（「副詞はなくても OK」なので）。この「完全・不完全」については関係副詞のところで詳しく説明するので今はスルーしても OK です（320〜321 ページ）。

▷「前置詞 + 関係代名詞」の注意点
☑ 前置詞の後は「目的格」

前置詞の後には目的格がきます（たとえば at he ではなく、at him が正しい）。代名詞同様、関係代名詞も、前置詞の後は「目的格（whom・which）」となります。

×）with who　◎）with whom　×）with that　　※that はこのページ後半で

☑ **「前置詞 + 関係代名詞」では、関係代名詞の省略は不可**

×）Yokohama is the city in ~~which~~ he was born.

※省略したら変な形になってしまいますね。

◎）Yokohama is the city {which} he was born in.

※前置詞が後ろに残った場合は省略可能

☑ **「前置詞から」形容詞節になる**

　ここまでは「関係代名詞から形容詞節がスタートする」と考えてきましたが、「前置詞 + 関係代名詞」の場合は「前置詞から形容詞節がスタートする」ことに注意してください。

◎）Yokohama is the city [in which he was born].

×）Yokohama is the city in [which he was born].

関係代名詞 that

▷ that は「オールマイティー」なイメージ

　主格（who・which）と目的格（whom・which）の関係代名詞は that で代用できます。つまり**「whose 以外なら that でも OK」**ということです。このように that は色々な場面で代用できるので、トランプのジョーカーのようにオールマイティーなイメージを持つと言っていいでしょう。

> **The curry that he made was too spicy for me.**
> 彼がつくったカレーは、私には辛すぎました。
> ※この that は which でも OK です。また made の後ろの名詞が欠けた形です。

▷ 関係代名詞 that が使えない場合

　関係代名詞 that を「トランプのジョーカー」にたとえましたが、ジョ

ーカーはオールマイティーである反面、細かいルールの「縛り」があり
ますよね（「ジョーカーを最後に出しちゃダメ」といった制限など）。

　関係代名詞 that にもちょっとだけ制限があり、**that を使えないケース**
があります（しかもよく入試に出ます）。

関係代名詞 that を使えないケース

①"前置詞 + **that**"はダメ　　例：×) **for that**　　◎) **for which**
②「非制限用法（**that** の直前にコンマを置く用法）」はダメ（322 ページ）

　以上、面倒に思えますが、「関係代名詞 that の前には前置詞・コンマ
はこない」と整理すれば簡単です。

関係副詞

▷ まずは関係代名詞の復習から

　関係副詞といっても「2 つの文を関係させる（つなぐ）」発想自体は関
係代名詞と同じなので、まずは関係代名詞の復習も兼ねて、以下の英文
をつないでみましょう。

| This is the hospital. | Kate works at the hospital as a nurse. |

at the hospital → at it になると考えて、it を which に変えます。

① which だけ前に移動

This is the hospital which Kate works at as a nurse.

② at which をセットで前に移動

This is the hospital at which Kate works as a nurse.

⟫ at it → there → where に変える

at it は there に置き換えられます（どちらも「そこで」という意味）。そして、副詞 there を関係副詞 where にするわけです。

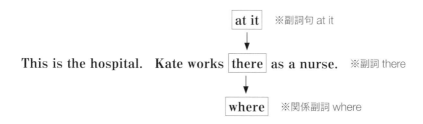

where を文の先頭に出して、先行詞（the hospital）の直後にくっつければ完成です。

> **This is the hospital where Kate works as a nurse.**
> ここは、ケイトが看護師として働いている病院です。

結局は「副詞 there が関係副詞 where に変化しただけ」です。（副詞はどこにあってもいいので）副詞だったものが前に移動したところで、文に影響はありません。つまり **「関係副詞の後ろは完全」** になります。

また、ここまでに関係代名詞・前置詞＋関係代名詞・関係副詞という流れでそれぞれの構造を確認してきたことで、どれも「形容詞節をつくる」とわかったと思います。**「関係副詞は（関係代名詞と同じく）形容詞節をつくる」** ことを意識してください。

※間違っても「関係副詞だから副詞節」なんて考えないでください！

① This is the hospital [which Kate works at as a nurse].
② This is the hospital [at which Kate works as a nurse].
③ This is the hospital [where Kate works as a nurse].

※形容詞節を［　　　］でくくってみると、一目瞭然ですね。すべて先行詞（the hospital）を修飾します（意味も同じ）。

▷ 関係副詞の使い分け

　副詞 there は関係副詞 where に変化しましたが、関係副詞は全部で4つ（where・when・why・how）あり、先行詞によって使い分けます。

関係副詞の使い分け

関係副詞	先行詞（先行詞の例）
where	「場所」関係（**place** など）
when	「時間」関係（**time／day** など）
why	「理由」関係（**reason** のみ）
how	「様態」関係（**way** のみ）

　関係副詞は元々「副詞」なので、「格の変化」はありません。代名詞には変化（主格・所有格・目的格）がありますが、副詞に格変化は存在せず、常に同じ形です。

> **The reason why you were late is not important.**
> あなたが遅刻した理由は重要ではないのです。

　以上、**関係副詞はマクロの視点で「形容詞節をつくる」、ミクロの視点で「後ろは完全」**ということが大切です。

≫ 関係副詞の「省略」

関係副詞の省略について

① 関係副詞は省略できる　※関係代名詞の目的格と同じく省略可能
② 先行詞を省略できる　※先行詞と関係副詞を両方省略するのは NG
③ **the way** と **how** は並ばない　※ the way か how のどちらかを必ず省略

　特に③に注意してください。×）the way how ～ の形は NG なんです。関係副詞 how を省略する（①）か、先行詞 the way を省略する（②）必要があります。

※理由は単純で「how の先行詞が way なのは明らかすぎるから」なんです。the way と how を並べると「そのやり方の方法」のようにクドく感じるために、どちらかを省略する決まりになりました。

> This is how Kento met Riko.
> このようにして、ケントはリコに出会ったのです。
> ※ the way が省略／This is the way Kento met Riko. でも OK

　This is how ～ は「このように～」という決まり文句になっています。ちなみに直訳は「これが～する方法だ」です。

関係代名詞と関係副詞の判別

≫「前」ではなく「後ろ」に注目

　関係代名詞と関係副詞の区別は「前（先行詞）」ではなく「後ろ（完全 or 不完全)」に注目する必要があります。

※中学では「前を見て先行詞が人なら who、物なら which」が強調されるので、どうしても前を見る意識が残ってしまうのです。

関係代名詞と関係副詞の判別

> ① 関係代名詞 + 不完全　　※不完全とは「SかOが欠けた」状態
> ② 関係副詞 + 完全　　　　※完全とは「SもOも欠けてない」状態
> ③ 前置詞 + 関係代名詞 + 完全

　（名詞・代名詞から変化した）**関係代名詞は、後ろに「不完全な形（ボコッと名詞が欠けた状態）」**がきます。

　（副詞から変化した）**関係副詞は、後ろに「完全な形」**がきます。（元々は副詞句である）前置詞 + 関係代名詞も、後ろは「完全な形」です。

≫ まずは「不完全」から理解するほうが確実

　完全・不完全の区別に関しては「不完全だ！」と判断するほうがラクです。「SやOがボコッと欠けたところ」を見つけた瞬間に「はい、不完全！」と判断できるからです。重要な形をパターン別にまとめます。

「不完全」のパターン

> (1) S が欠ける：「主格の関係代名詞」が入る
> 　① 単純に S が欠けるパターン　　～（　　）V
> 　　例　～（　　）has ～　　※ has の S が欠けてる
> 　② that 節の中の S が欠けるパターン　　～（　　）SV v
> 　　例　～（　　）I think is ～　　※ is の s が欠けてる
>
> (2) O が欠ける：「目的格の関係代名詞」が入る
> 　① 他動詞の O が欠けるパターン　　～（　　）SV（他動詞）
> 　　例　～（　　）I make.　　※他動詞 make の O が欠けてる
> 　② 前置詞の O が欠けるパターン　　～（　　）～ 前置詞.
> 　　例　～（　　）I live in.　　※前置詞 in の O が欠けてる
> ※前置詞の後ろにくる名詞を「前置詞の目的語」といいますが、要は「前置詞の後ろに名詞がくるはずなのに、その名詞がないから "不完全" でしょ」と考えれば十分です。

この中でやっかいなのが、(2) ①の「他動詞」でしょう。つまり「関係詞が苦手……」という人は「他動詞の感覚が弱い」だけなんです。
※「何を？」とツッコミを入れるのが他動詞でしたね（72ページ）。

▷「完全」を理解する！

　「関係副詞／前置詞＋関係代名詞」の後ろには「完全」な形がきます。ちなみに文法上の「完全」という用語は、あくまで「要素が足りている」という意味です。たとえば「I live は完全」となります。live は自動詞で、「住んでいる」に対して「何を？」というツッコミは入りませんね。自動詞なので直後に名詞は不要です。

　日本語訳「私は住んでいる」自体は完全とは言えませんが、それはあくまで意味の問題であって、**完全・不完全は「形からの判断」**です。

　では「完全パターン」を確認しますが、正直「不完全じゃないものは全部"完全"」と考えれば解決するので、ここを完璧にチェックする必要はありませんよ。

「完全」のパターン

> (1) 自動詞がくる
>
> 　① 第1文型がくるパターン　～（　　）SV（自動詞）
>
> 　　例　～（　　）I live.　※ live は自動詞で第1文型をつくる
>
> 　② 第2文型がくる　～（　　）SVC
>
> 　　例　～（　　）I am happy.　※ SVC の完全な文
>
> (2) 他動詞がきているが、ちゃんと O がある／受動態になっている
>
> 　① 第3文型が完成した（O がある）パターン　～（　　）SVO
>
> 　　例　～（　　）I have lunch.　※ SVOO・SVOC も同様に考える
>
> 　② 受動態のパターン　～（　　）S be ＋ p.p.
>
> 　　例　～（　　）the book was written.
>
> 　※ be ＋ p.p. の後ろには「名詞不要」なので「完全」扱い

	関係代名詞	関係副詞	前置詞 + 関係代名詞
何節をつくる？	形容詞節		
後ろにくる形は？	不完全	完全	完全

制限用法と非制限用法

▷ 制限・非制限とは？

　これまで解説してきた関係詞の役割は「名詞を修飾（説明）すること」ですが、この「修飾・説明」を別の視点から見ると、名詞を「制限・限定」するとも言えます。この使い方は「制限用法（限定用法）」と呼ばれますが、まあ要するに今までの普通の使い方なので、無理に用語を覚える必要はありません。

　それに対して、関係詞の直前にコンマを置く形（〜, who ...）を「非制限用法」といいます。これは前の名詞を「制限しない」で、コンマの後で「補足説明」を加える感覚です。

※「〜で、そしてそれは（その人は）……」という感じで補足します。

> **He has two sons, who went to college.**
> 彼には息子が2人いて、（その2人とも）大学に行ったんだ。
> ※非制限用法で、単なる補足／「息子は2人だけ」

> **He has two sons who went to college.**
> 彼には、大学に行った息子が2人いるんだ。
> ※普通の制限用法／「大学に行った2人の息子」と説明している／「大学に行かなかった息子」がいる可能性大

▷ 非制限用法 which の特殊用法

　関係詞の先行詞は「名詞」です。しかし which が非制限用法で使われ

るときに限り、**直前の「文・文の一部」を先行詞にする**ことができます。
※ある文に対しての「補足説明・コメント」と考えればいいでしょう。

> **She passed the exam, which was a big surprise.**
> 彼女は試験に合格したが、それはすごいサプライズだった。
> ※ which の先行詞は「前の文すべて（She passed the exam）」

　which の意味は、厳密には「彼女が試験に合格したことは」ですが、訳すときは単純に「そのことは・それは」で OK です。

関係詞の第 2 派閥　関係代名詞 what

▷ what の 2 つの特徴

　関係代名詞 what は「what は先行詞を含む関係代名詞で、『もの・こと』と訳す」と習う人が大半でしょう。この説明に間違いはないのですが、関係詞は「マクロ・ミクロの視点」から捉えることのほうが大切なので、この視点から what を考えてみましょう。

関係代名詞 what の特徴

> （1）マクロの視点：「名詞節」をつくる
> （2）ミクロの視点：後ろには「不完全」がくる

（1）名詞節をつくる

　世間で言う「先行詞を含む」とは、つまり「名詞を含む」→「名詞のカタマリになる」ということです。ですから「名詞節をつくる」という発想のほうが英文を読んでいるときに直観的にわかるようになります。

> She'll give me < the thing which I want >.
>
> ↓ ※ the thing を含む名詞のカタマリが what
>
> = She'll give me < what I want >.
>
> 「彼女は、私が欲しいものをくれる（だろう）」

　訳についても「名詞のカタマリ」なので、当然ながら名詞っぽく「もの・こと」と訳せるわけです。

(2) 後ろには「不完全」がくる

　先行詞を含むとはいえ、あくまで「関係代名詞」なので「後ろは不完全」な形です。上の英文では、他動詞 want の目的語が欠けていますね。

▶ まとめ　純粋関係詞グループと what の比較

	関係代名詞（who・which など）	what
何節をつくる？	形容詞節	名詞節
後ろの形は？	不完全	

　純粋関係詞グループ（who など）は形容詞節をつくりますが、what は名詞節をつくる独自の存在です。ですから what は今までとは違う「派閥」に属すると考えたほうがスッキリ整理できます。

≫ 接続詞 that との違い

　「関係代名詞 what」と「接続詞 that」は共に名詞節をつくる・「こと」と訳すという共通点があるので混乱する人が多いのですが、そもそも「品詞が違う」ので、そこに注目すれば簡単に整理できます。

関係代名詞 what vs. 接続詞 that

	関係代名詞 what	接続詞 that
何節をつくる？	名詞節	
後ろの形は？	不完全	完全

　共通点は「名詞節をつくること」で、相違点は「後ろの形」です。関係代名詞 what は（関係代名詞なので）後ろは「不完全」ですが、接続詞 that の後ろは「完全」な文がきます。

※そもそも英文はどれも「完全」な形になるのが当たり前です。関係代名詞を使ったときだけ、その後ろが「不完全」になるだけです。

> **What I really like is the friendliness of the hotel's staff.**
> 私が本当に気に入っているのは、ホテルのスタッフのフレンドリーさです。

　主語は What I really like です（動詞は is）。What の後には不完全な形（like の目的語が欠けている）がきていますね。

> **That he will come here is certain.**
> 彼がここに来るのは確実だ。

　主語は That he will come here です（動詞は is）。That の後には完全な形（come は自動詞、here は副詞で、he will come here は完全な形）がきていますね。

▷ 関係代名詞 what を含む「慣用表現」
what I am 型の表現

> **what I am**「現在の私」　※直訳「今現在、私があるところのもの」
> **what I was・what I used to be**「過去の私」
> **what she looks like**「彼女の外見」　※直訳「彼女が見えるところのもの」

> **She is not what she was.**
>
> 彼女は昔の彼女ではない。　　　※「彼女は変わっちゃった」と意訳することも可能

> **My parents have made me what I am.**
>
> 両親のおかげで、今の私があるのです。
>
> ※ make OC「O を C にする」の形／直訳「私の両親は、私を今の私にした」

その他の表現　　※慣用的に副詞のように使われる

> what we[you] call・what is called「いわゆる〜」／what is more「さ
> らに」／what is better[worse]「さらに良い [悪い] ことに」

> **My sister is what is called a bookworm.**
>
> ウチの妹は、いわゆる本の虫ってやつだ。
>
> ※ bookworm「本の虫・大の本好き」

　ここの熟語だけは、副詞のように使われるので、My sister is (what is called) a bookworm. というイメージです。

※入試ではこの品詞の意識までは問われないので、とりあえず意味がわかれば十分です。

関係詞の第 3 派閥　-ever グループ

▷ 複合関係詞（-ever）の「形」

　-ever がくっついた（複合した）関係詞を「複合関係詞」といいます。関係代名詞に ever がついたものは「複合関係代名詞」で、関係副詞に ever がつけば「複合関係副詞」です。

複合関係詞（複合関係代名詞と複合関係副詞）

> 複合関係代名詞：whoever ／ whomever ／ whichever ／ whatever
> 複合関係副詞：whenever ／ wherever ／ however
> ※ thatever は存在せず、whyever は存在するが一生見ないでしょう。

≫ マクロの視点：-ever は何節をつくる？

　1つめの派閥である「関係詞のメイングループ」は形容詞節をつくり、2つめの派閥「関係代名詞 what」は名詞節でしたね。最後の派閥「複合関係詞」は**「形容詞節だけはつくらない」**のがポイントです。「形容詞節だけはつくらない」＝「名詞節 or 副詞節になる」わけですが、どっちになるかの判別は（暗記するのではなく）その場で考えれば OK です。

> **She helps whoever asks her for help.**
> 彼女は、助けを求める人は誰でも手をさしのべる。

　help は他動詞で直後に「人」がきます。その「人」に当たるのが（つまり目的語）whoever asks for her help です（目的語になるのは「名詞」）。この whoever asks for her help は名詞のカタマリだと判断できます。

> **Whatever happens, she won't change her mind.**
> たとえ何が起ころうとも、彼女は決して自分の考えを変えようとしないだろう。

　Whatever happens だけではまだ判断できませんが、その後に SV (she won't change) が続きます。全体は "Whatever ～, SV." の形で、SV はすでにあるので、Whatever のカタマリは「余分なもの」＝「副詞節」と考えれば OK です。このように、英文の構造から名詞節か副詞節かをその場で判断していけばいいのです。

≫ ミクロの視点：後ろは完全？　不完全？

　複合関係代名詞と複合関係副詞の共通点は「形容詞節だけはつくらない」ことですが、相違点は「後ろの形」です。複合関係代名詞は後ろが「不完全」、複合関係副詞は後ろが「完全」です。

※「複合」という言葉をとってしまえば、それぞれ関係代名詞・関係副詞と同じ発想です。

複合関係代名詞と複合関係副詞

	関係代名詞	複合関係代名詞	関係副詞	複合関係副詞
何節をつくる?	形容詞節	形容詞節以外	形容詞節	形容詞節以外*
後ろの形は?	不完全		完全	

＊複合関係副詞は、厳密に言えば「副詞節しかつくらない」のですが、いちいち細かいことを覚えなくても、「形容詞節以外」と認識しておいて、後は英文を見たときに判断するのが一番ラクです。

複合関係詞の「意味」

▷ -ever がついたら「譲歩」の意味

　複合関係詞の訳し方は、名詞節と副詞節で個別に説明されるのが普通で、以下のようにたくさんの訳語が示されがちです。

参考 複合関係詞の訳し方

複合関係詞	名詞節	副詞節
whoever	たとえ誰であっても、その人	たとえ誰であっても
whomever	たとえ誰であっても、その人	たとえ誰であっても
whatever	たとえ何であっても、それ	たとえ何であっても
whichever	たとえどれであっても、それ	たとえどれであっても
whenever	（名詞節はつくらない）	たとえいつであっても
wherever	（名詞節はつくらない）	たとえどこであっても
however	（名詞節はつくらない）	たとえどれくらい〜であっても たとえどんな方法で〜しても

　本書では**「複合関係詞は"譲歩"の意味」**とまとめます。譲歩とは「たとえ〜でも」という意味で、whoever なら「たとえ誰でも」、whatever なら「たとえ何でも」となります。この「譲歩」を土台にし

て、あとは「名詞としてまとめる」のか、「副詞としてまとめる」のかという違いだけです。先ほどの英文で確認してみましょう。

She helps whoever asks her for help.
彼女は、助けを求める人は<u>たとえ誰でもその人に</u>手をさしのべる。

名詞節の場合は「たとえ〜でも、その人」のように名詞化する（最後に名詞を足す）イメージです。名詞化を意識することは大事ですが、訳出自体はケースバイケースで OK です（「その人は」を訳出してもしなくてもよく、自然なほうを選べば問題ナシ）。

Whatever happens, she won't change her mind.
<u>たとえ何が</u>起ころう<u>とも</u>、彼女は決して自分の考えを変えようとしないだろう。

Whenever he goes to Paris, he always stays at the same hotel.
彼はパリに行く<u>ときはいつでも</u>、常に同じホテルに泊まる。

ここで注意してほしいのが、複合関係詞には「訳語がある」ということです。そもそも関係詞には「訳がない」はずでしたが（名詞を修飾する「働き」があるだけ／訳を持つ関係詞は what だけ）、複合関係詞には「訳が存在する」のです。しかもその訳は「関係詞」と呼ばれながら「疑問詞の訳し方に似ている」のです。ここを意識しておかないと混乱してしまいます。このように第3派閥はかなり変わった存在なのです。

▶ まとめ　複合関係詞の特徴

	複合関係代名詞	複合関係副詞
何節をつくる？	副詞節／名詞節	副詞節
後ろの形は？	不完全	完全
意味は？	譲歩「たとえ～でも」	

複合関係詞の注意点

▷ however の形に注意

however は、直後に形容詞・副詞がくっついた形で、副詞節をつくります。よく出る形として大事なのが、**However 形・副 sv, SV.「たえどれくらい～であっても」**です。

※ however は「わがまま副詞」にも属するので「形容詞・副詞を自分の元に引っ張り出す」わけです。厳密には複合関係<u>副詞</u>なのですが、引っ張り出す感覚は同じです（49ページ）。

> **However small it is, I want a room of my own.**
> たとえどんなに狭くても、自分自身の部屋がほしいの。

このように、However 形・副 sv, SV. の形では、形容詞・副詞が先頭に移動するので、後ろは「形容詞・副詞が欠けたような形」になります。

副詞が欠けても文構造に影響はありませんが、形容詞（補語になる形容詞）が欠けると、後ろが「不完全に見える」形になります。この英文でいえば、it is の後ろが欠けたように見えるのは small が前に移動したからです。

※厳密に言えば、不完全とは「名詞が不足」の状態を指すのであって、however の場合は「形容詞・副詞が前に移動しただけ」です。「欠けたような／不完全に見える」という言葉を使ったのはそういう理由ですが、みなさんはそこまで気にする必要はありません。However 形・副 sv, SV. の形を意識していれば入試問題は解けます。

▷ 副詞節の場合は 3 語（no matter 疑問詞 ）に分解可能

　複合関係詞は「分解」できるのですが、名詞節か副詞節かで分解パターンは違います。まず**副詞節をつくる場合ですが、3 語（no matter 疑問詞 ）に分解可能**で、whoever = no matter who 〜、however = no matter how 〜 となります。

※複合関係詞はすべて（複合関係代名詞・複合関係副詞に関係なく）分解可能です。

> However hard I tried, I couldn't solve the problem.
> = No matter how hard I tried, I couldn't solve the problem.
> どんなに一生懸命やっても、その問題を解けなかった。

▷ 名詞節は whoever と whomever の分解だけに注意

　名詞節の分解パターンに決まった法則はないのですが、whoever anyone who 〜、whomever = anyone whom 〜 だけチェックしてください。この 2 つの分解パターンだけが入試によく出ます。

> He was admired by whoever worked with him.
> 彼は一緒に仕事をする誰からも称賛されていた。
> ※「彼は、彼と一緒に働いた人は誰でも、その人から称賛されていた」と考えれば OK

　by whoever は（whoever = anyone who）に分解できます。by whoever worked with him = by anyone who worked with him ということです。前置詞 by の後だからといって、whomever にならないことは分解すればわかりますね。who と動詞 worked がつながるからです。

空所に適するものを選びましょう。

(1) 大阪出身だと私が思っていたその男性は、兵庫出身だった。

The man (　　) I believed was from Osaka was from Hyogo.

① who 　　② whom

(2) 彼の名前を書いた紙をなくしてしまった。

I lost the paper (　　) I wrote his name.

① which 　　② on which

(3) ミーティングのときに会った男性にメールしました。

I emailed the man (　　) I met at the meeting.

① when 　　② that

解 答

(1) ①

解説：空所後は本来なら I believed {that} $\boxed{s}$ was from Osaka で、そこから was の主語が欠けた形です。よって、主格の関係代名詞① who が正解です。"( ) SV v" の形で、「that 節中の S が欠けるパターン」になります。

(2) ②

解説：空所後 I wrote his name は SVO の「完全な形」がきています（主語も目的語も欠けていません）。よって、「前置詞＋関係代名詞」の② on which が正解です。元々は write his name on <u>the paper</u>「紙に彼の名前を書く」という形で、そこから the paper を関係代名詞 which に変え、on which がセットで文頭に出たイメージです。

(3) ②

解説：空所後 I met at the meeting は、他動詞 meet の目的語が欠けた「不完全な形」です。「目的語が欠けている」→「目的格の関係代名詞」と考え、② that を選べば OK です。日本文「～のときに」につられて、① when を選ばないように注意しましょう（when は関係副詞であれ、従属接続詞であれ、後ろに完全な文がきます）。

21

関係詞

(1)

Sometimes the man (　　) lives in the next-door apartment helps me with my homework.

① what　　　② which　　　③ who　　　④ whom

（慶応大学）

(2)

New York is a city (　　) is popular with tourists.

① where　　　② when　　　③ which　　　④ how

（東北学院大学）

(3)

As I heard Janet was a liar, I can't believe (　　) she says.

① how　　　② who　　　③ what　　　④ which

（獨協大学）

(4)

(　　) hard the work is, we should not complain.

① However　　　② Whatever　　　③ Whenever　　　④ Whoever

（立命館大学）

(1) ③ **who**

解説：空所後は lives の主語が欠けているので、「主格」の関係代名詞が入ると考えます。先行詞は the man なので、③ who が正解です。the man [who lives in the next-door apartment]「隣のアパートに住んでいる男性」が文の主語になります。動詞は help 人 with 〜「人の〜を手伝う」の形です。

和訳：時々、隣の（アパートの）部屋に住んでいる男性が僕の宿題を手伝ってくれる。

(2) ③

解説：関係代名詞と関係副詞の区別がポイントです。空所後は is の主語が欠けた「不完全な形」なので、関係代名詞の③ which を選びます。直前の a city につられて、「場所」を表す関係副詞① where にひっかからないように注意しましょう。関係副詞の後ろは「完全な形」がくるのでアウトです。

和訳：ニューヨークは旅行者に人気の都市だよ。

(3) ③

解説：空所以下は believe の目的語（= 名詞のカタマリ）になると考えます。名詞節をつくる関係代名詞③ what を選び、what she says「彼女が言うこと／彼女の発言」とすれば OK です。ちなみに、文頭の as は「理由」を表し、全体は As sv, SV.「sv なので SV だ」となります。

和訳：ジャネットがうそつきだと私は聞いたので、彼女の発言を信じられない。

(4) ①

解説：空所直後の hard the work is に注目します。① However を選んで、However 形・副 sv, SV.「たとえどれくらい〜であっても、SV だ」の形にすれば OK です。今回の hard は形容詞「難しい・大変な」で、However hard the work is, SV.「たとえどれほど仕事が大変であっても、SV だ」となります。

和訳：たとえ仕事がどれほど大変であっても、僕たちは文句を言うべきじゃない。

21

関係詞

〔著者紹介〕
関　正生（せき　まさお）
　オンライン予備校『スタディサプリ』講師。
　1975年東京生まれ。埼玉県立浦和高校、慶應義塾大学文学部（英米文学専攻）卒業。TOEIC®L&Rテスト990点満点取得。
　今までに出講した予備校では、250人教室満席、朝6時からの整理券配布、立ち見講座、定員200名の講座を1日に6回行い、すべて満席。出講した予備校すべての校舎で最多受講者数・最多締め切り講座数・受講アンケート全講座1位獲得。スタディサプリのCMでは全国放送で「授業」を行う（2017年から2022年まで6年連続）。YouTubeの授業サンプルの再生回数は累計3000万回突破。TSUTAYAの学習DVDランキングでトップ10を独占。
　著書は『真・英文法大全』『大学入試問題集　関正生の英文法ポラリス［基礎～発展、全4レベル］』（以上、KADOKAWA）、『丸暗記不要の英文法』（研究社）、『サバイバル英会話』（NHK出版）、『関正生のTOEIC®L&Rテスト文法問題　神速100問』（ジャパンタイムズ出版）など累計300万部（韓国・台湾などでの海外翻訳12冊）。NHKラジオ講座『小学生の基礎英語』（NHK出版）、英語雑誌『CNN ENGLISH EXPRESS』（朝日出版社）、週刊英和新聞『Asahi Weekly』（朝日新聞社）などでの連載、ビジネス雑誌での取材、大学・企業での講演多数。オンライン英会話スクール『hanaso』（株式会社アンフープ）での教材監修など、英語を勉強する全世代に影響を与える英語講師。

入試につながる本当の基礎力
大学入試　入門英文法の核心

2023年9月19日　初版発行

著者／関　正生
発行者／山下　直久
発行／株式会社KADOKAWA
〒102-8177　東京都千代田区富士見2-13-3
電話　0570-002-301（ナビダイヤル）

印刷所／株式会社加藤文明社印刷所
製本所／株式会社加藤文明社印刷所

©Masao Seki 2023　Printed in Japan
ISBN 978-4-04-606482-0　C7082